AF571399

Straßennamen in Bad Orb

Texte von Helmut Simon

bearbeitet, ergänzt und herausgegeben von

Wolfgang Hessberger

2023

Eigenverlag Wolfgang Hessberger

Das Skript von Helmut Simon, »Straßennamen in Bad Orb anno 2000«, ist die Vorlage für dieses Buch ist. Helmut Simon hat es 2001 dem damaligen Bürgermeister Wolfgang Storck zwecks »Verwendung Orber Historie« übergeben.

Der Verwendung des Skripts für dieses Buch wurde von der Rechteinhaberin, Frau Gisela Simon, zugestimmt.

Offensichtliche Fehler im Skripts wurden berichtigt. Zusätzliche Fakten und weitergehende Erkenntnisse vom Herausgeber eingearbeitet. Neue zusätzliche Straßennamen wurden vom Herausgeber ergänzt und alphabetisch einsortiert.

Alle Bilder wurden vom Herausgeber eingefügt.

2023 Eigenverlag Wolfgang Hessberger

Satz: Herausgeber
Gesamtherstellung: Books on Demand GmbH,
22848 Norderstedt

ISBN 978-3-00-075531-6

Woher kommt der Name Orb

Eine Geschichtstafel im Museum gibt Auskunft.

»Orbaha« – erster Name für Fluss und Siedlung

1059 erscheint erstmals der Name "Orbaha". Ohne die Nachsilbe "-aha" hat sich "Orb" bis heute unverändert erhalten. Zwischenzeitlich und wechselnd gab es auch Schreibweisen mit "U" wie "Urba" oder "Vrba".

Woher kommt der Name Orb?

Die Schreibweise Urba hat früher vielfach zur Annahme verleitet, der Name stamme von lat. *urbs* (Stadt) und der Ort sei eine Gründung aus römischer Zeit im Vorfeld des Limes. (Franz Nik. Wolf: Das Landgericht Orb ..., 1824, S.19.)

Heute wird das Wort als keltischen Ursprungs gedeutet.
Der Wortstamm *orobis* bzw. *orbe* bedeutet im Keltischen schlicht Fluss.
Heimatforscher Dr. Heinz Dehmer erwähnte auch das häufige Vorkommen des Wortstamms im heutigen Frankreich.
Ein Beispiel ist die Stadt Orbe an der Orbe im französischsprachigen Schweizer Kanton Vaud: Vermutlich 150 n.Chr. als Urba von den Römern gegründet, trug die Siedlung schon während der Römerzeit zeitweise die Namen Orba, villa Orbacum und Urbigenum. Urba stammt hier nicht von lat. *urbs* ab, sondern von der keltischen Bezeichnung *orbe* für den Fluss.

"Vrba" auf dem Orber Pfennig um 1240.
(Reinzeichnung für eine vergrößerte Nachprägung als Silbermedaille, ohne Medaillen-Umschrift. Hrsg. Volksbank Bad Orb 1983.)

Die Endung aha ist germanischen Ursprungs. Dort bedeutet *ahwo* Fließendes Wasser. Das althochdeutsche *aha* und mittelhochdeutsche *ahe* findet sich heute noch in den Flüssenamen der Alpen, z.B. Königsache, Tiroler Ache. Das Wort ist urverwandt mit lat. *aqua* und wurde in deutscher Zeit immer mehr als Ableitungssilbe empfunden.
In ahd. Zeit wurde aha zur Verdeutlichung unverständlich gewordener Gewässernamen verwendet.
Die Belegungszeit der aha-Namen ist von Beginn der Überlieferung im 8. Jh. bis zum Jahre 1200. In diese Zeit fällt auch unsere Erstnennung.

"Orbaha" ist im Grunde eine Verdoppelung aus kelt. *orb* und germ. *aha*.

Zur Orber Historie

Die erste schriftliche Erwähnung des Namens »**Orbaha**« findet sich im Jahre 1059 in einer Urkunde von König Heinrich IV.: Er schenkt dem Abt Siegfried zu Fulda jenen Jagdbezirk, der sich von der Rhön über den Vogelsberg bis in den Spessart hinein erstreckt. Die »Orb« bildet in unserem Raum die Grenze.

Fünf Jahre später, am 6. Oktober 1064, erhält dieser Abt, inzwischen ist er Erzbischof Siegfried I. von Mainz, von König Heinrich IV. mit einer in Halle ausgefertigten Schenkungsurkunde die Gemarkung und Siedlung »**Orbaha**« samt Burg und Salzquellen (cum salinarum fontibus).

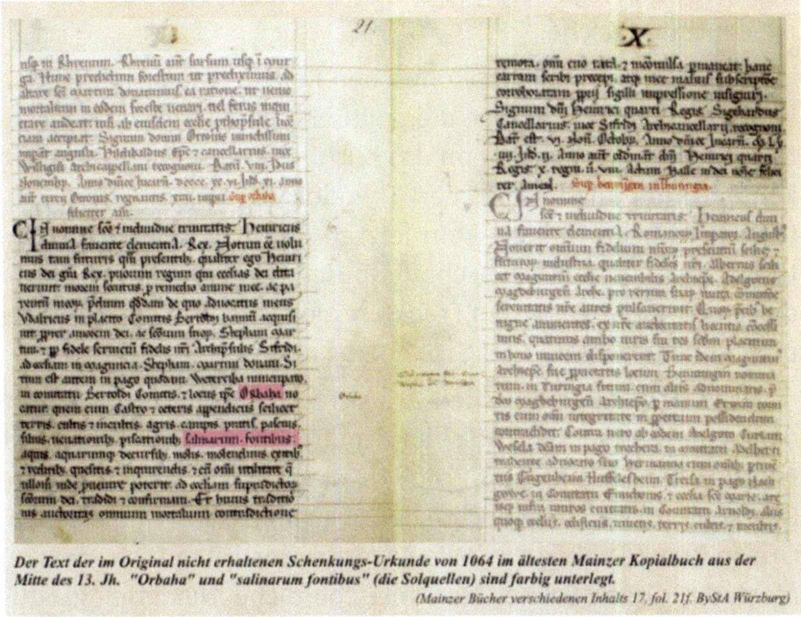

Der Text der im Original nicht erhaltenen Schenkungs-Urkunde von 1064 im ältesten Mainzer Kopialbuch aus der Mitte des 13. Jh. "Orbaha" und "salinarum fontibus" (die Solquellen) sind farbig unterlegt.

(Mainzer Bücher verschiedenen Inhalts 17, fol. 21f. ByStA Würzburg)

Orb gehört ab diesem Datum für 739 Jahre (von 1064 bis 1803) zum Erzbistum und späteren Kurfürstentum Mainz.

Im 13.Jahrhundert erhält Orb das Stadtrecht. Bis ins 18.Jahrhundert hinein haben verschiedene Adelsfamilien Besitzungen in Orb, Anteile an seinen Solquellen, an Steuern, Holz-, Jagd- und Fischereirechten usw. (als Lehen, Erbe, Pfand, durch Kauf und Verkauf). Die Stadt durchlebt schlimme Pest- und Kriegszeiten, und mehrmals legen Brände einzelne Häuser, ja ganze Stadtteile in Schutt und Asche.

Das Ende des Heiligen Römischen Reiches Deutscher Nation verändert schließlich auch die politische und wirtschaftliche Situation: 1803 löst Napoleon das Kurfürstentum Mainz auf. Orb kommt unter Fürstprimas Carl Theodor von Dalberg, dem letzten Mainzer Kurfürsten, zum letzten Relikt dieses Kurfürstentums, zum Fürstentum Aschaffenburg. Aber bereits 1810 wird dieses ins Großherzogtum Frankfurt eingegliedert, das Carl Theodor von Dalberg nun als Großherzog regiert.

Nach der napoleonischen Ära wird Orb 1814 bayerisch. Im deutschen Krieg 1866 zwischen dem Deutschen Bund unter der Führung Österreichs und Preußen, stand Bayern auf der Seite Österreichs. Preußen gewann den Krieg und Bayern musste u.a. Orb an Preußen abtreten. Wie Bayern unterstütze auch Preußen nicht die Orber Saline. Der wirtschaftliche Niedergang Orbs setzte sich fort. Es sind die sogenannten »Frankfurter Jagdherren« die Orb zu einem Neubeginn verhelfen. Der rudimentäre Badebetrieb, begründetet von dem Apotheker Franz Leopold Koch, wurde von ihnen entwickelt. Am 18. Mai 1900 wurde ein Kurhaus und ein Badehaus eröffnet. Orb ist jetzt Kurstadt. Das Prädikat »Bad« fehlte anfangs noch. Mit einem Schreiben des preußischen Regierungspräsidiums in Kassel vom 8. April 1909 änderte sich dies. Orb hatte von da ab die amtliche Bezeichnung »Bad Orb« zu führen.

Bad Orb um 1930

Straßenverzeichnis

Adalbert-Stifter-Straße

Die Straße ist eine Seitenstraße der »Haselstraße«.

Adalbert Stifter, der wohl bedeutendste österreichische Erzähler, wurde 1805 in Oberplan (Böhmerwald) geboren und besuchte nach dem frühen Tode seines Vaters das Gymnasium der Benediktinerabtei Kremsmünster. Nach dem Studium der Rechte Hinwendung zur Malerei, zur Mathematik und zu den Naturwissenschaften. Hauslehrer bei verschiedenen Adelsfamilien in Wien. 1850 Landschulrat in Linz. 1865 wird er in den Ruhestand versetzt. Offenbar bereits seit 1863 an Leberkrebs erkrankt, durchlebt er qualvolle letzte Jahre bis zu einem Freitod (1868).

Altenbergstraße

Die Altenbergstraße führt in Verlängerung der Wendelinusstraße von der Würzburger Straße aus bergan nach Osten. Früher hieß die Altenbergstraße »Altenhöhl-Weg«, im Volksmund »Aale Hoell« (alter Hohlweg).

Alte Spitalgasse

Die Verbindung von der Hauptstraße zur Raiffeisenstraße.

Schon im 14. Jh. gab es in Orb die Stiftung »Hospital zum Heiligen Geist«. Sie konnte aber nur einer geringen Anzahl Bedürftiger ein Obdach gewähren und eine kleine Unterstützung an

Geld geben. Das hohe Alter dieser Stiftung wird bestätigt durch eine lateinische Mainzer Urkunde vom 4. Mai 1361. In dieser wird das Patronatsrecht im »Heilig-Geist-Spital zu Orba« bestätigt. Das Spital besaß mehrere Brunnen- und Sodenteile am Orber Salzwerk und hatte Einkünfte aus Erbzinsen von Häusern und Wiesen sowie Anteile am »Wein- und Bierohmgeld«. (Johann Büttel)

Das erste Orber Spital stand an der Stelle des ehemaligen »Weißen Roß« und wurde am Ende der Hanauer Pfandschaft (1568) in der »Spitalgasse« neu errichtet.. (Heinrich Hardt)

Als dieses Gebäude um 1780 zu klein und vor allem baufällig geworden ist, wird ab 1782 das ehemalige Kellereigebäude am Jössertor als Hospital verwendet und dort mit einer Salzsackproduktion kombiniert, deren bescheidener Gewinn den Spitalbewohnern zufließen sollte – aber das Unternehmen arbeitete nur mit Verlust.

Am Aubach

Eine Seitenstraße der Martinusstraße parallel zur Gewerbestraße.

Die Orb wechselte einst im Volksmund mehrmals ihren Namen. Ihre Quelle am Fuße des Hohen Berges war der Wackeborn. Dann floss das Bächlein als »Orb« bis zum Salinenplatz und wurde am heutigen Quellenring, weil es dort die nordöstliche Altstadt von der Jösser-Vorstadt trennte, als »Jösserbach« bezeichnet. Schräg gegenüber der heutigen Philippsquelle trieb dieser Bach früher die Lohmühle (Gerberei), weshalb er von dort an bis zur Einmündung der Hasel vor dem Untertor der »Lohbach« war. Danach – bis zur Einmündung des Leimbaches beim Brühlsteg, also neben der heutigen Martinusstraße – hieß die Orb »Brühlsbach« und schließlich bis zur Mündung in die Kinzig

»Aubach«. Heute wird der gesamte Bachlauf generell als »Orb« bezeichnet.

Am Bocksberg

Ein kurzer Nebenweg der Sälzerstraße.

Diese Straße liegt am Fuße des 312 m hohen Bocksberges. Ob und inwieweit der Name dieses Berges in sprachlichem Zusammenhang steht mit einer sprachgeschichtlichen, heidnisch-religiösen Bedeutung von »Bocksberg« = »Hexenberg«, ist ungeklärt.

Am Klingental

Der Name kann nicht mit letzter Sicherheit gedeutet werden. Das Wort »Klinge« hat sich zwar aus dem mittelhochdeutschen Verb »klingen« (hell tönen, erschallen) entwickelt. Im übertragenen Sinne aber könnte es hier diesem kleinen sonnigen Taleinschnitt am Südhang des Lauzenberges den Namen gegeben haben, da solche Plätze vielen Singvögeln idealen Lebensraum bieten.

Am Langen Acker

Verbindet die »Fuldaer Straße« mit dem »Geigershallenweg«. Der Name ist von der Flurbezeichnung »Langer Acker« abgeleitet.

Am Orbgrund

Ist die die Verlängerung der Kurparkstraße.

Die ursprüngliche Bedeutung von »Grund« ist eigentlich »Grundstück, Land« Zugleich verstand man darunter aber auch die eine tiefe Fläche. Der Orbgrund ist das Gebiet, durch den die Orb fließt.

Am Orbtal

Ein schmaler Spazierweg Richtung Sanatorium Küppelsmühle.

Das Wort »Tal« geht in seiner ursprünglichen Bedeutung zurück auf „Senke, Vertiefung“ (Delle). Dieser Weg verläuft durch eine Senke im Gelände am linken Ufer der Orb.

Am Schafstrieb

Die Schafhaltung war in früheren Jahrhunderten auch in Orb ein wichtiger Wirtschaftszweig. Schon die Faulhaber, ein altes fränkisches Adelsgeschlecht, besaßen in der Gemarkung die Hutberechtigung für 800 Schafe. Das Hutrecht erstreckte sich auf die Gemarkungen *Schafstrieb,* Wolfsgruben und Frauenberg. Über den Schafstrieb könnten die Schafe entlang der Flanke des Eisenbergs (286 m, nordwestlich von Orb) getrieben ans Wasser des Orbbachs getrieben worden sein.

Am Wendelinusbrunnen

Siehe hierzu »Wendelinusstraße«.

Am Wintersberg

Diese Straße führt durch die Siedlung am Wintersberg (434 m) und verläuft parallel zur Würzburger Straße.

An der Heppenmauer

Die Straße ist die Verlängerung der »Altenbergstraße« bis zur »Haselstraße«. Dort, wie auch anderswo in der Gemarkung, wurde Prügelholz mit »Heppen« in handliche Stücke zerkleinert

und zu »Wellen« (Bündeln) gebunden. Der Name »Heppenmauer« selbst ist eine sehr alte Flurbezeichnung. Einst hieß diese Straße auch »Brandackerstieg« oder »Franz-Acker-Stieg«. Angeblich soll dort der Bauer Franz Acker den größten Teil seines Besitztums gehabt haben und an diesem steilen Fuhrweg durch einen umstürzenden Getreidewagen beinahe ums Leben gekommen sein.

Anton-Drisch-Straße

Anton Drisch wird als Spross einer seit ein paar Hundert Jahren in Orb ansässigen Familie am 21.07.1891 geboren. Seine Vorfahren gehörten auch zu jenen siedlungswilligen Orbern, die vor weit über 200 Jahren im »Weiler Friedrichsthal« siedelten. Vater und Großvater wurden dort geboren. Bereits 1907 wird er Mitglied der Sozialdemokratischen Partei Deutschlands (SPD) und engagierte sich in der Gewerkschaftsbewegung. Er lässt sich auch im »Dritten Reich« nicht mundtot machen und wird mehrmals in Schutzhaft genommen. Im Text des 2014 für ihn vor seinem Wohnhaus in der Hauptstraße 32, einem früheren Gasthaus, verlegten Stolperstein steht: „Anton Drisch - Jg. 1891 - Gewerkschaftssekretär im Widerstand - mehrmals Schutzhaft zuletzt 1944 Dachau - entlassen 1944 - überlebt". Nach dem Einmarsch der amerikanischen Truppen wird Anton Drisch im August 1945 zum Bürgermeister der Stadt Bad Orb eingesetzt. In der ersten freien Wahl erreicht »seine« Partei, die SPD, die Mehrheit und er wird der erste frei gewählte Bürgermeister der Nachkriegszeit. Anton Drisch bleibt noch mehrere Perioden bis 1962 im Amt. Anton Drisch engagiert sich auch auf Kreisebene und gehört von 1946 bis 1964 dem Kreisausschuss des Landkreises Gelnhausen an. 14 Jahre ist er stellvertretender Landrat. Über 15 Jahre steht er an der Spitze der SPD des Kreises Gelnhausen und vertritt sie auch im Unterbezirk. Er ist jahrzehntelang Mitglied und Vorsitzender des Aufsichtsrates der Bad Orb GmbH, langjährig Vorstandsvorsitzender der König-Ludwig I.-Stiftung, ist Träger des Verdienstkreuzes erster Klasse des Verdienstordens der Bundesrepublik Deutschland, Inhaber der Freiherr-vom-Stein-Plakette und Ehrenmitglied des SPD-Kreisverbands. Am 19. März 1968 stirbt Anton Drisch im Alter von 77 Jahren in Bad Orb.

Austraße

Die Austraße ist eine Straße, die zur Fluss-Aue der Orb führt. (Siehe hierzu auch »Am Aubach«)

Bahnhofstraße

Schon um 1860 war man bestrebt, eine Bahnlinie nach bzw. durch Orb zu bauen. 1865 war dann eine Linienführung von Gießen nach Partenstein geplant. Doch dieses Vorhaben zerschlug sich anscheinend deswegen, weil Orb ab 1867 zum preußischen Staatsgebiet gehörte und nicht mehr zu Bayern. Immer wieder wurde versucht, die Stadt an das Bahnnetz anzubinden. Doch erst im Jahre 1900 bot sich die Möglichkeit, Orb mit einer Nebenlinie zum Bahnhof Wächtersbach an die Bahnlinie Frankfurt - Fulda anzuschließen.

Im Frühjahr 1901 war der Bau vollendet. Nun pendelte eine Bahn zwischen Bad Orb und Wächtersbach. Die Postkutsche fuhr von da an nicht mehr.

Im Jahr 1926 wurde ein neuer größerer Bahnhof gebaut. Die Bahnhofshalle hat der 1882 in Karlsruhe geborene Maler Hans Brasch ausgemalt. Die Motive: die Arbeit der Bauern im Jahreslauf, das Leben der Wegscheidekinder sowie eine Jungbrunnendarstellung, eine Huldigung an die Orber Quellen.

Am 13.09.1997 wurde der Bahnbetrieb der sog. »Bad Orber Kleinbahn« eingestellt und stattdessen eine Omnibuslinie eingerichtet, die heute über Aufenau nach Wächtersbach führt.

Baumschule

Obst- und Weinbau hatten schon zu kurmainzer Zeiten in Orb eine gewisse Bedeutung; so wird ein »Baumgarten« in Orb bereits 1386 urkundlich erwähnt. Beim Besuch des Mainzer Kurfürsten Carl Theodor von Dalberg im Jahre 1804 ließ dieser ein Stück Land zur Anlage einer Baumschule ausweisen, um den Obstbau zu fördern. An geeigneten Hängen, etwa am Wintersberg oder auf den Flächen des Kassel- und des Langenberges gab es staatlich geförderte Gründungen von Baumschulen und ausgedehnte Bestände an Apfelbäumen, die den Rohstoff für das hessische Nationalgetränk, den Apfelwein, lieferten. Heutige Flurnamen wie »Bangert« (Baumgarten) und »Wingert« bestätigen den einstigen Obstbau.

Bayernweg

Dieser Weg wurde 1963 nach dem einstigen Königreich Bayern benannt, zu dessen Staatsgebiet Orb von 1814 bis 1866 gehörte.

Bennweg

Dr. Karlheinz Schäfer vertritt die Ansicht, dass dies ein Bannweg (die Beyn) gewesen sei; es handelt sich hier also demnach um einen Flurnamen für einen vom Königsbann geschützten Teil der Flur.

Berliner Straße

Sie ist benannt nach der deutschen Hauptstadt Berlin.

Birkenallee

Eine von Birken gesäumte Straße.

Burgring

Die Orber Burg hat dieser Straße den Namen gegeben. Es darf angenommen werden, dass das 1064 von Kaiser Heinrich IV. an das Erzstift Mainz gegebene »Castellum« (erste urkundliche Erwähnung der Siedlung Orb) eine einzige Burg war, die nach und nach schließlich folgende Gebäude umfasste:

(1) Den Palas, später Burg der Herren von Milchling, heute Museum. Die Burgkapelle, ein Vorgängerbau der heutigen Kirche St. Martin – im 14.Jahrhundert als gotische Hallenkirche erbaut – und ihr 20 m hoher Kirchturm mit Schießscharten, der einst

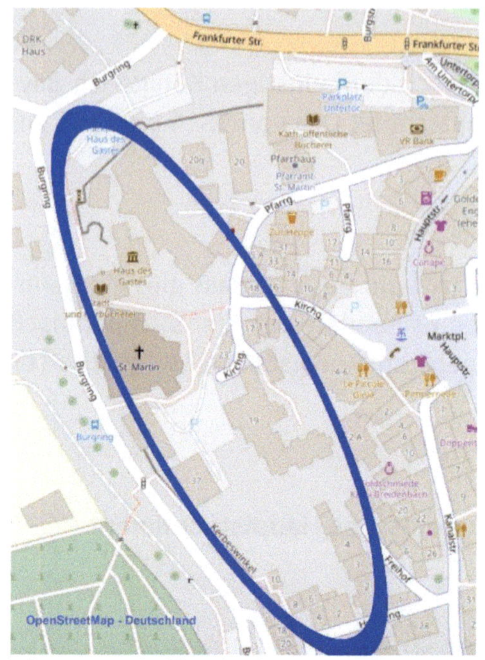

ein in die äußere Mauer integrierter Turm der Befestigungsanlage gewesen ist. Nördlich der Kirche schloss sich ein Friedhof an. Am 5.4.1774 wurde der neue Friedhof eingeweiht. Er musste aber bereits im 19.Jahrhundert (1816 und 1885) erweitert werden. Zu diesem Burg-Ensemble gehört schließlich auch die erst 1621 errichtete Zehntscheune, heute »Haus des Gastes«.

(2) Den Schiffershof, ein Hofgut, das auf den Überresten der Fischborn'schen Burg errichtet worden ist; er diente der Schafhaltung (Schäfershof / Schiffershof).

(3) Den Freihof, einst Burg der Faulhaber, für den sein Besitzer Bechtold Faulhaber 1425 Steuerfreiheit auf alle Zeiten erlangte. Die Familie Faulhaber selbst wohnte – der mündlichen Überlieferung zufolge – neben dem Eingangstor der Burg in einem großen Gebäude, das um 1830 durch Brand zerstört wurde. Der gesamte Burgkomplex war ursprünglich von einer eigenen Mauer umgeben, die sich partiell mit dem Verlauf der Stadtmauer deckt. Später, als die Lehensgüter erblich geworden waren, zerfiel diese Burg in einzelne Besitzungen verschiedener Adelsgeschlechter.

Der heutige »Burgring« hieß offiziell auch einmal »Am Graben«. Er begann damals schon am Untertor bei der alten Knabenschule, die in den Jahren 1912/13 abgerissen wurde, und umfasste die ganze Innenstadt einschlich Kirche, Schiffershof und Quellenring. »Am Graben« nennt man auch heute noch im Volksmund die Straße unterhalb des Friedhofs, d.h. einen Teil des Burgrings.

Burgstraße

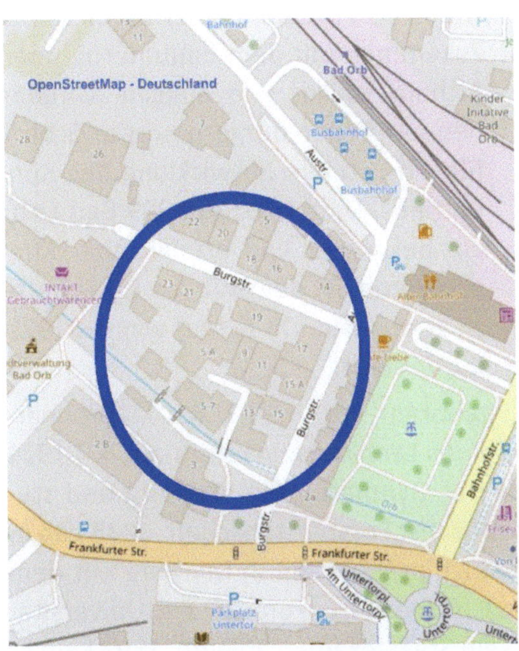

Der Name der Burgstraße hat mit der Orber Burg (siehe »Burgring«) nichts zu tun; er bezieht sich vielmehr auf eine Burg vor den Toren der Stadt. Dort stand nämlich zwischen Orb- und Haselbach „hart vor dem Unteren Tor“ einst eine kleine Wasserburg der Ritter von Hohenberg, mundartlich die »Boorg«. Über eine alte Steinbrücke erreicht man dort einen alten Hof, in dem die Steingewände der Fenster, die barocke Dachform und der Kellereingang zeigen, dass es sich hier um ein sehr altes, auf den Grundmauern der »Boorg« errichtetes Haus handelt. Im größten Gebäude dieses Ensembles war zuletzt eine Mühle, wie die am Orbbach vorstehenden Steine der Ufermauer beweisen; sie trugen einst den Zulaufkandel für das Mühlrad.

Heute ist das Areal der »Boorg« mit mehreren kleineren Häusern bebaut.

Dr.-Franz-Joseph-Scherf-Promenade

So heißt seit 1963 der Hauptweg durch den Orber Kurpark vom Ehrenmal für den Sanitätsrat Scherf bis zur Rotahornallee. Scherf, ein in Orb ansässiger Arzt und Sanitätsrat, übernahm

1905 die Gesamtleitung des Kurbetriebs als ehrenamtlicher Kurdirektor. Zusammen mit dem Bauunternehmer Richard Müller und einigen wohlhabenden Orber Bürgern sorgte Scherf für eine stetige Entwicklung des Kurbetriebs. Dass Orb, ab 1909 Bad Orb, ein bekannter und erfolgreicher Kurort wurde, ist dem Wirken Dr. Scherfs zu verdanken. Dr. Scherf war bis 1929 Kurdirektor.

Dr. med. F.J. Scherf, geboren am 5.10.1865 in Volmarsen/Westfalen als Sohn eines Landwirts, verstarb am 4.7.1929 in Bad Orb. Er besuchte das Gymnasium in Warburg und studierte nach dem Abitur zunächst Forstwissenschaft. 1885 gab er diese Studienrichtung jedoch auf, begann in Marburg mit dem Medizinstudium, ging nach dem Physikum an die Universität Halle/Saale wo er 1891 sein Staatsexamen ablegte. 1893 kam er nach Orb und wurde hier 1900 Initiator und Arzt der Kuranstalt Küppelsmühle. Er praktizierte als Hospitalarzt, Landarzt mit zahlreichen Hausbesuchen im Jossgrund und in Biebergemünd-Kassel, war Stadtverordneter, Mitglied des Magistrats, Generalsekretär des Bäderverbandes und Abgeordneter im Kommunal-Landtag in Stadt Kassel. „Daneben“ hatte er auch noch Familie: Seine Frau Franziska Anna Elisabeth geb. Wiegen aus Bochum, die er 1895 geheiratet hatte, schenkte ihm neun Kinder.

Dr.-Herbert-Heim-Straße

In Würdigung seiner sozialen Verdienste wird Dr. med. Herbert Heim am 15. Oktober 2004 das Ehrenbürgerrecht verliehen. Die Gremien der Stadt würdigen Herbert Heim insbesondere dafür, dass er über Jahrzehnte hin Tag und Nacht, auch an Sonn- und Feiertagen, für Menschen in unserer Stadt, die sich in Not befanden, ohne Ansehen der Person und Umstände erreichbar war. Er wurde zu Unfällen gerufen und leistete weit über das herkömmliche Maß ärztlichen Bemühens hinaus Hilfe. Auch dafür, dass er sich intensiv um den ärztlichen Notdienst in Bad Orb kümmerte und als Ansprechpartner für die Polizei und die Leitstelle immer zur Verfügung stand.

Herbert Heim ist im Oktober 1933 in Bad Orb als Spross einer Familie, deren Name bereits 1542 in einer Steuerliste auftaucht, geboren. Nach dem Abitur in Fulda studiert er an der Johann-Wolfgang-Goethe Universität in Frankfurt am Main Medizin. Assistenzarztstellen in Frankfurt, Berlin und Würzburg sind weitere Stationen der medizinischen Ausbildung. 1965 heiratet er Mathilde Strauß. Nach Abschluss der Internistischen Facharztausbildung lässt sich Herbert Heim 1972 in seiner Heimatstadt nieder. Alle, die in der Praxis in der Frankfurter Straße Patient waren, werden mir, dem Herausgeber dieses Buches, zustimmen, dass bei Herbert und Mathilde Heim immer der Mensch „behandelt" wurde.

Dr. Heim ist ein waschechter Bad Orber, der seiner Heimatstadt auch als Förderer zugetan ist. Immer wieder sieht man ihn mit seiner Frau gesellschaftliche, musikalische, kulturelle oder soziale Veranstaltungen besuchen. Auch ist er immer an der Geschichte seiner Heimatstadt interessiert. Landrat Erich Pipa bei der Verleihung der Ehrenbürgerwürde: „Sie sind ein großer Bürger der Stadt und können stolz auf Ihr Lebenswerk sein".

Bekannt sind so rührende Geschichten wie die, dass er sogar an seinem Urlaubsort, wenn er dort auf »Orber« traf, Sprechstunde hielt und „behandelte". Hausbesuche, zu jeder Tages- und insbesondere Nachtzeit, waren für Herbert und Mathilde Heim selbstverständlich. Herbert Heim ist immer dort, wo er gebraucht wird. Dr. Herbert Heim ist im Juli 2011 verstorben.

Dr.-Weinberg-Straße

Sie ist benannt nach dem jüdischen Arzt Dr. Rudolf Weinberg, der am 16.01.1873 in Schenklengsfeld (zwischen Fulda und Werra nahe der Vorderen Rhön) geboren wurde. Er war in zweiter Ehe verheiratet mit Jeanette Sternberg (* 09.12.1891) und hatte zwei Töchter (Elisabeth * 1919; Eva * 1921). Im Volksmund wurde er nur der »Juden-Doktor« genannt. Weinberg war ein sehr beliebter Arzt und ein großer Wohltäter, der jederzeit bei Tag und Nacht für seine Patienten zu sprechen war. Seine Hausbesuche machte er stets zu Fuß.

Dr. Weinberg ließ sich 1901 als praktischer Arzt und Geburtshelfer in Orb nieder. Ab 1903 praktizierte er im Haus des Kaufmanns Ihl, heute Hauptstraße 47, bevor er 1926 ein eigenes Haus, die Kurpension Regina, in der Salinenstraße 6 baute. Das

Haus erlebte eine bewegte Geschichte. Während des 2. Weltkrieges war dort die Standortverwaltung des Stalag IX B, d.h. des Kriegsgefangenstammlagers auf der Wegscheide, untergebracht.

1938 zog er mit seiner Familie nach Frankfurt um. Es war mehr eine Flucht als ein ordnungsgemäßer Umzug. Offenbar fühlte er sich in jener Ära dort auch „sicherer" als in Bad Orb, wo jeder jeden kannte. Er starb in Frankfurt am 27.März 1941 im Alter von 68 Jahren und wurde auf dem orthodoxen Teil des ältesten jüdischen Friedhofs in der Rat-Beil-Straße beerdigt. 1961 setzte ihm die Stadt Bad Orb dort einen Grabstein.

Ein Jahr nach seinem Tode wurden seine Frau und seine Töchter deportiert. Wo die drei Frauen umkamen, ist bis heute unbekannt. An der Gedenkmauer des oben genannten Frankfurter Friedhofs sind auf über 11.000 kleinen Metalltafeln die Namen aller aus Frankfurt während der Zeit des Nationalsozialismus deportierten Juden zu lesen, darunter auch die Namen Eva, Elsbeth und Jeanette Weinberg.

Dr. Weinberg war einer der „Stillen im Lande": Von Begüterten ließ er sich seine Dienste ordnungsgemäß bezahlen, verzichtete aber bei Bedürftigen oftmals auf berechtigte Honorarforderungen – ohne sein karitatives Wirken an die große Glocke zu hängen.

Ebertplatz

Der Platz in der »Eduard-Schreiber-Siedlung« ist benannt nach Friedrich Ebert (1871-1925), dem ersten Präsidenten der Weimarer Republik. Er war gelernter Sattler, Gewerkschaftler, sozialdemokratischer Redakteur und wurde 1900 Abgeordneter der Bremer Bürgerschaft. 1912 wurde er Mitglied des Reichstags, 1913 Vorsitzender der Sozialdemokratischen Partei, 1918 Reichskanzler, und schließlich war er ab 1919 Reichspräsident bis zu seinem Tode.

Eduard-Gräf-Straße

Die Straße in der »Eduard-Schreiber-Siedlung«, Flurname »Schafswiese«, verläuft parallel zur Frankfurter Straße und

wurde 1928 nach Dr. h.c. Eduard Gräf, Bürgermeister zu Frankfurt/Main, schon zu dessen Lebzeiten benannt. Durch das Schullandheim Wegscheide unterhielt er schon längere Zeit freundschaftliche Beziehungen verschiedenster Art zu Bad Orb, u.a. zur Familie Freund in der Küppelsmühle. Außerdem sorgte er sich um die Altstadtsanierung von Bad Orb und um die Anlage und den Bau der neuen sog. »Eduard-Schreiber-Siedlung«.

Dr. Eduard Gräf, als Sohn eines Landwirts am 13.12.1870 in Wetzhausen (Unterfranken) geboren, hatte den Beruf eines Lithographen (Steindruckers) erlernt, bekleidete dann in Frankfurt mehrere Ämter (Vorsitzender der Ortskrankenkasse, Stadtverordneter, Stadtverordneten-Vorsteher, Unterstaatssekretär, Mitglied des Preußischen Landtags sowie zeitweise dessen Vizepräsident und schließlich bis 1932 Bürgermeister in Frankfurt/Main, Dezernat Wohlfahrtspflege. Die Frankfurter Zeitungen ermittelten 1930 in einer Umfrage unter der Bevölkerung den beliebtesten Frankfurter Bürger des Jahres: Eduard Gräf. Im gleichen Jahr verlieh ihm die Universität Frankfurt den Ehrendoktortitel. Bei seinem Ausscheiden aus dem Magistrat (1932) wurde ihm die Ehrenplakette der Stadt Frankfurt/Main verliehen. Er starb am 01.01. 1936 in Frankfurt/Main.

Die Siedlung auf der »Schafswiese« wurde in der Amtszeit des Bürgermeisters Eduard Schreiber (* 1866, † 1950) angelegt. Schreiber war vom 01.10.1916 bis 05.01.1929 Bürgermeister.

Stadtansicht mit der Flur »Schafswiese« um 1890.

Eichendorffstraße

Die Straße im Haseltal ist nach dem Lyriker und Erzähler Joseph Freiherr von Eichendorff genannt.

„Wikipedia: Foto H.-P. Haak"

Eichendorff stammt aus einer alten Adelsfamilie und wurde 1788 auf Schloss Lubowitz in Oberschlesien geboren. Er studierte Rechtswissenschaft und Philosophie in Halle und Heidelberg. Dort und in Berlin lernte er zahlreiche berühmte Zeitgenossen kennen (u.a. Arnim, Brentano, Schlegel). Eichendorff, der als bedeutendster Dichter der deutschen Hochromantik gilt, schuf das Beste mit seiner Lyrik: Wem Gott will rechte Gunst erweisen ... In kühlen Grunde ... O Täler weit, o Höhen ... Wer hat dich, du schöner Wald .... Viele seiner Gedichte wurden vertont, z.B. »Mondnacht« von R. Schumann, »O du stille Zeit« von Cesar Bresgen. Eichendorff starb 1857 in Neiße an der Glatzer Neiße – seit 1945 polnisch »Nysa«.

Enggasse

Eine enge Gasse vom Marktplatz bis zur Raiffeisenstraße.

Faulhaberstraße

Stammburg der Familie Faulhaber in Orb war der »Freihof« (siehe »Burgring«). Die Junker Faulhaber von Wächtersbach besaßen ferner ein beträchtliches Gut nördlich der Ludwigstraße (K 887) mit einem Schafhutrecht in der Gemarkung für 800 Schafe. Nach dem Aussterben der Familie, sie war in Orb schon um 1300 ansässig gewesen und stellte hohe geistliche Würdenträger, kam im Jahre 1609 das Gut vorrübergehend an die Ritter von Fechenbach, die es 1651 für 1.500 Gulden an Kurmainz verkauften. 1861 verkaufte der bayrische Staat als Rechtsnachfolger von Kurmainz das ehemals Faulhaber'sche Schäfereirecht für 2.250 Gulden an die Stadt Orb.

Die Faulhaberstraße trägt im Volksmund auch die Bezeichnung »Lehmkaute« oder »Ziegelhütte«, weil dort einst eine Ziegelei der Saline stand.

Fischbornstraße

Die Gasse führt vom Solplatz zur Jössertorstraße.

Die Familie der Ritter von Fischborn war ein altes Adelsgeschlecht. Es stammt wohl aus dem Ort Fischborn in der Nähe von Birnstein. Erstmals sind die Ritter von Fischborn 1327 in Orb als Burgmannen des Mainzer Kurfürsten zu finden. Sie bewohnten jenen Teil der Burg, der „hart an der Stadtmauer nächst der Kirche gelegen" (also dort, wo heute der Schiffershof steht). Zu dieser Burg gehörte ein großes Gut, das Hofgut Altenburg, sowie ein Hutrecht (Weiderecht) in der Orber Gemarkung für 600 Schafe.

Der letzte Burgherr aus dem Geschlecht der Fischborn, Lorenz von Fischborn, Oberamtmann zu Orb, starb am 14.09.1554. Burg und Hofgut wechselten dann noch mehrfach den Besitzer (Ritter von Buchenau, Familie Boineburg, Familie Schleifroß, Familie Forstmeister usf.). Die Burg selbst verfiel nach und nach. Schließlich wurden ihre Reste zum Aufbau des heute noch existierenden Schiffershofes (Schäfershof) verwendet.

Frankenweg

Der Frankenweg ist benannt nach dem bayrischen Regierungsbezirk Unterfranken (»Main- bzw. Weinfranken«).

Frankfurter Straße

Die Straße ist benannt nach der hessischen Metropole Frankfurt/Main.

Freihof

Zwischen Heppengasse und Kanalstraße.

Siehe »Burgring«. Stammburg der adeligen Familie Faulhaber.

Friedrichstalstraße

Zunehmende Bevölkerungszahl und schlechte Erwerbs- und Versorgungsverhältnisse ließen um 1780 den Plan reifen, ein geeignetes Aussiedlungsgebiet mit landwirtschaftlichen Nutzflächen in der Nähe von Orb zu erschließen. So entstand im Flurteil »Graue Ruh«, etwa 5 km südwestlich von Bad Orb der Weiler Friedrichsthal. Eine Siedlung, benannt zu Ehren des damaligen Landesherrn, der diese Siedlung genehmigt hatte: *Friedrich Karl von Erthal*. Zehn Familien begannen dort zu roden und zu bauen, aber trotz harter Pionierarbeit fanden die mutigen Neubauern und ihre Nachkommen selbst mit fleißiger Heimarbeit – Verarbeitung des selbst angebauten Flachses zu Leinenstoff – nicht das erhoffte Auskommen. Der Boden war wenig fruchtbar und die Parzellen zu klein. Geringe Ernteerträge verstärkten ihre Not und führten zu immer häufigerem »Waldfrevel« (Wilderei). Der unregelmäßige Schulbesuch ihrer Kinder brachte außerdem weitere Probleme: Was

diese in den Wintermonaten gelernt hatten, vergaßen sie oft wieder in den von harter Arbeit erfüllten Sommermonaten. So ist es nicht verwunderlich, dass diese Siedlung 1879 aufgegeben

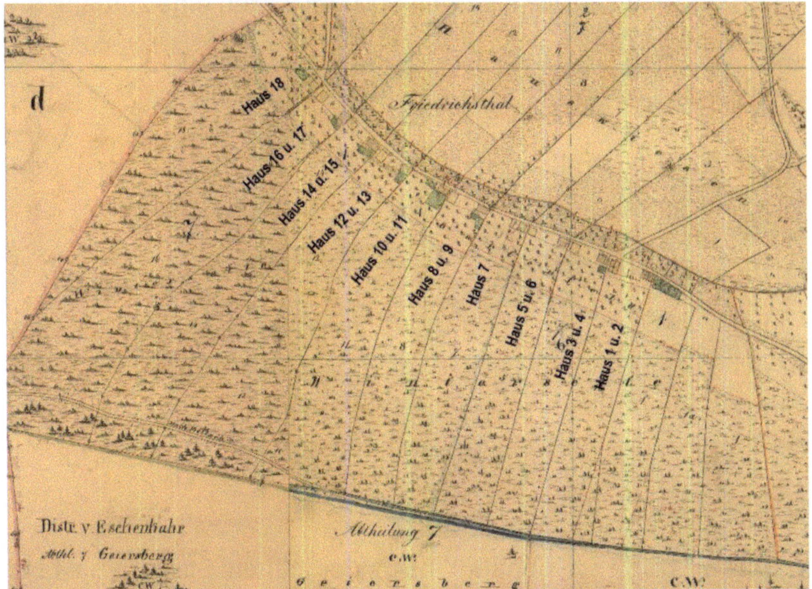

und an den preußischen Forstfiskus verkauft wurde. Die letzten Besitzer mussten ihre Häuser abreißen und zurück nach Orb ziehen. Fast die ganze Fläche wurde wieder aufgeforstet.

Einer der letzten Bewohner von Friedrichsthal, ein gewisser Adam Pfeifer brachte Sandsteine und Gebälk seines niedergelegten Hauses samt Scheune mit Fuhrwerken nach Orb und baute beide in der Sauerstraße (heute Hausnummer 9) in gleicher Form und Größe wieder auf. Auf dem Türsturz über dem Eingang steht dort in erhabenen Buchstaben das »zweite« Baujahr: »1879«. Für die Scheune benutze er zwecks Erweiterung auch Balken aus der Versteigerung der kurz zuvor abgerissenen Gradierwerke.

Fuldaer Straße

Die Verlängerung der Ludwigstraße ist benannt nach der Bischofsstadt Fulda. Diese beiden Straßen waren eine Zeitlang die «Aufenauer Straße«.

Füllweinstraße

Die Füllweinstraße erhielt ihren Namen 1930 nach dem dortigen Flurnamen »Füllwein«.

Geigershallenweg

Jeder Versuch, diesen Straßennamen zu deuten, führt stets zu der Vermutung, dass dort, als dieses Gebiet noch nicht bebaut war, vermutlich wohl eine größere Halle oder Scheune eines Bauern namens Geiger gestanden hat.

Gelnhäuser Weg

Diese Straße ist benannt nach der nahen Barbarossastadt Gelnhausen.

Gemündener Weg

Benannt ist die Straße nach der unterfränkischen Stadt Gemünden am Main.

Gewerbestraße

Sie ist die Hauptstraße des Orber Gewerbegebietes im Westen der Stadt.

Gretenbachstraße

Diese Straße führte ursprünglich vom Untertor zur Jössertorstraße. Der Name ist wahrscheinlich abgeleitet von »Krötenbachstraße«, denn der Gretenbach war ein offener Wasserlauf.

Seit 1971 heißt der untere Teil der ehemaligen Gretenbachstraße vom Untertor bis zum Raiffeisenlager »Raiffeisenstraße«.

Auf dem Plan von 1782 ist der Lauf des Gretenbachs zu erkennen. Das Wasser dieses Bachs floss vom Obertor aus in Holzkandeln bis zum Solplatz, von dort weiter zwischen der Gaststätte »Bierjakob« (jetzt Wohngebäude Hauptstr. 49) und dem Sudhaus (Hauptstraße 47a) die jetzige Gretenbachstraße hinunter und mündete in der Nähe des Misttores in den Orbbach. Der Bachlauf war bis 1843 offen und nahm viel Unrat auf. Der Bach selbst wurde ursprünglich aus mehreren Zuläufen gespeist. Da war zuerst die Quelle der heutigen Küppelsmühle. Ihr Wasser wurde in einem künstlich angelegten Graben über die Benn geleitet, nahm einen Zulauf vom Haberstal und der Bocksbergquelle auf und lief über die Roßhöhle zum Obertor. Von diesem Wasser wurde unterwegs auch ein Teil zu den Gradierwerken

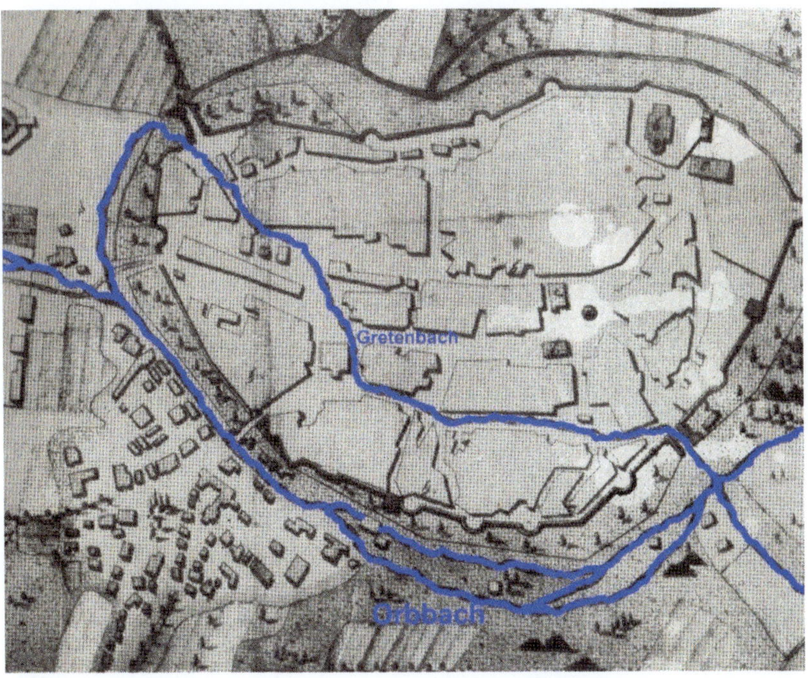

[für die Wasserkunst] abgeleitet. Es ist nicht anzunehmen, dass das ganze Wasser dieses Bachs dann durch Holzkandeln vom Obertor in die Stadt floss, vielmehr zum Teil um den Burgring (außerhalb der Stadtmauer) beim Neutor in den Orbbach ging.

Gutenbergstraße

Die heutige Gutenbergstraße, zuerst »Scheunenstraße«, später »Hintere Gretenbachstraße« genannt, trägt diesen Namen etwa seit 1930 und ist nach Johannes Gutenberg benannt, dem Erfinder der Buchdruckkunst, weil sich in einer Seitengasse damals die Druckerei Göb befand.

Haberstalstraße

Diese Straße ist benannt nach dem Haberstal, das von der Bieberer Hütte (449 m) ins Orbtal hinabführt.

Hansenhöhle

Diese Straße begann einst am Wendelinusbrunnen. An der Hansenhöhle lag einst die Quelle des Wendelinusbrunnens. (Höhle = Hohlweg) Heute ist die Gasse ein Seitenweg der Villbacher Straße.

Hansenschonergasse

Verbindet als Seitengasse die »Kanalstraße« mit der »Hauptstraße«. Die Straße wird auch als »Hansenscheuergasse« bezeichnet.

Haselstraße

Diese Straße ist nach dem durch dieses Tal führenden größten Zufluss der »Orb« benannt. Das Wort »Hasel« selbst weist auf das Laubgehölz Hasel hin.

Hauptstraße

Die Orber Hauptstraße führt mit leichtem Gefälle mitten durch die historische Altstadt vom Neutor zum Untertor und bildet mit dem Sol- und dem Marktplatz deren zentrale Geschäftsstraße. In der Hauptstraße, seinerzeit »Markt-Strasse«, befand sich auch das Gasthaus »Zum Braunen Hirsch«, das während der sogenannten »Orber Revolution« von 1849 eine Rolle spielte.

Der geschichtliche Hintergrund:

Die erste Hälfte des 19.Jahrhunderts war geprägt von verschiedenen politischen, gesellschaftlichen, wirtschaftlichen und sozialen Umbrüchen, die sich auch in Orb sehr deutlich bemerkbar machten. Auslösender Faktor war die Französische Revolution (1789) mit ihren Auswirkungen auf die Nachbarländer, auch auf den rechtsrheinischen Raum, auf Deutschland. In Orb waren im Jahre 1775 elf Gradierhäuser und 18 Sudpfannen in Betrieb; 1780 wurden aus der Sole immerhin 35.000 Zentner Salz, 1791 sogar 40.500 Zentner Salz gewonnen. Der Mainzer Kurfürst kümmerte sich persönlich um die Orber Saline ,die trotz erheblicher Abgaben, während der französischen Revolutionskriege noch mit Gewinn arbeitete (1790: ca.30.000 Gulden!). In den ersten Jahren des 19. Jahrhunderts investierte Fürstprimas Carl Theodor Freiherr von Dalberg zu Mainz, der letzte geistliche Reichsfürst, 200.000 Goldgulden in die völlige Erneuerung der Orber Anlage. Dann aber brachte das Jahr1803 das Ende der 739-jährigen Zugehörigkeit von Orb zum Kurfürstentum Mainz. Mainz verlor durch Napoleon den Rheingau an Hessen-Nassau, das thüringische Eichsfeld an Preußen sowie die Bezirke Alzenau, Hörstein und Geiselbach an Hessen-Darmstadt. Den Rest des ehemaligen Kurfürstentums Mainz beließ Napoleon Carl Theodor von Dalberg, der seit 1792 in Aschaffenburg residierte. Nach der Niederlage Napoleons in der Völkerschlacht bei Leipzig (1813) flüchtete Dalberg nach Regensburg, wo er als Erzbischof ohne weltliche Befugnisse im Jahre 1817 starb. Die Orber jedoch verdanken ihrem letzten Mainzer Kurfürsten viel; hatte er doch nicht nur zum wirtschaftlichen Aufschwung, sondern auch zur Besserung der sozialen und kulturellen Verhältnisse sowie zur Förderung des Polizei- und Schulwesens etliche, für damalige Zeiten fortschrittliche Maßnahmen eingeleitet.

Dadurch wird verständlich, dass viele Orber Bürger 1814 den Beschluss des Wiener Kongresses, dass sie nun dem Königreich Bayern zugehören, mit zwiespältigen Gefühlen aufnahmen; denn das billigere Reichenhaller Salz wurde nun zur Konkurrenz, und zu Bayern bzw. Unterfranken bestand keine günstige Verkehrsanbindung. Zudem lagen die bisherigen Märkte der Orber Kärrner meist außerhalb dieser neuen bayerischen Grenzen. Schon bald verstärkten sich die an sich schon bestehenden Absatzschwierigkeiten für das Orber Salz. Zugleich aber stieg die Bevölkerungszahl in Orb: Sie wuchs auf rund 4.400 Einwohner an und damit auch die Not der meist kinderreichen etwa 820 Familien. Eine landesweite Kollekte zugunsten der notleidenden Orber Bevölkerung erbrachte 51.464 Gulden, die um zusätzliche 40.000 Gulden aus der Staatskasse erhöht wurde. Weiterhin wurde zur Vermehrung der Unterstützungsmöglichkeiten aus der Kreditkasse weitere 20.000 Gulden zur Verfügung gestellt. So konnten u. a. der Bau eines Spitals und von Siedlungshäusern außerhalb der Stadtmauer – die Ludwigsvorstadt – finanziert und die Einlegung von Teilen der Stadtmauern bezahlt werden damit mehr Frischluft in die Stadt gelangen konnte. Aber neue Arbeitsplätze auf Dauer gab es nicht. Die Saline verlor ihre Bedeutung als Arbeit- und Auftraggeber für Salzgewinnung und Salztransport mehr und mehr. Zudem war die Besteuerung vor allem der Handwerker hoch (13 städtische und 27 herrschaftliche Abgaben). Die Lebenshaltungskosten, insbesondere die Holz- und Fleischpreise, stiegen gewaltig an, so dass es nicht verwunderlich war, dass Holzdiebstahl und Wilderei erheblich zunahmen. Die Missernten von 1846 und 1847 steigerten die Not weiter. Von den nun etwa 5.000 Orber Einwohnern hatten rund 3.000 kein geregeltes Einkommen.

Da verlegte die bayerische Regierung im Mai 1848 ein Infanterieregiment zur Sicherung der Landesgrenze und zur Verhinderung des Wildfrevels in den Staatsforsten nach Orb. Die »Kleinkinder-Bewahranstalt« am Untertor wurde zur Kaserne umfunktioniert. Die Bevölkerung musste diese Soldaten trotz der bisherigen bayerischen Wohltaten als Besatzungsmacht empfinden, zumal ihr nicht nur alte Waldrechte (z.B. Viehstreu und Brennholz aus dem Forst) genommen wurden, sondern, trotz ihrer Armut, auch noch die Verpflegung dieser Soldaten aufgebürdet wurde. Als dann der Landwirt Friedrich Müller aus dem Weiler Friedrichsthal von diesen bayerischen Soldaten auf seinem Felde mit einem Jagdgewehr angetroffen wurde und sich der Beschlagnahme seines Gewehrs widersetzte, erschossen die Soldaten kurzerhand seinen Hund, um ihm zu zeigen, wer hier das Sagen habe. Im Februar 1849 wurden vier Orber Männer zwischen Orb und Villbach von den Soldaten erwischt, als sie einen erlegten Rehbock wegtrugen. Er wurde beschlagnahmt, die Männer wurden angezeigt und konnten sich ausrechnen, was ihnen drohte.

In den folgenden Wochen wurden die bayerischen Soldaten in der Stadt immer wieder beschimpft und beleidigt. Es häuften sich Beschwerden und Schikanen, und das Verhältnis zwischen den Orbern und den Soldaten spitzte sich zu. So hatte z.B. auch der Begründer des ersten Orber »Soolbades«, der Apotheker Franz Leopold Koch, unter Benachteiligungen durch die bayerische Bürokratie zu leiden: Dass der Apotheker diese amtliche Benachteiligung nicht für sich behielt, dürfte verständlich sein. Sein Sohn wurde dadurch wohl in seinen Sympathien für liberal-republikanische, also »revolutionäre« Ideen bestärkt. Er beteiligte sich dann auch an der Orber Revolution, woraufhin seinem Vater angedroht wurde, dass er sehr schnell Konkurrenz durch einen der bayerischen Regierung wohlgesonnenen Apotheker erhalten könne, wenn sich sein Sohn nicht wohlverhalte.

Es genügte nun ein Funke, um jene brisante Stimmung zur »Orber Revolution« werden zu lassen!

Am Abend des 1.März 1849 saßen Orber Bürger und einquartierte Soldaten beim Apfelwein im Gasthaus »Zum Braunen Hirsch« in der Hauptstraße (siehe Bild, S. 43). Sie gerieten miteinander in Streit. Die Auseinandersetzung nahm bedrohliche Formen an, und als dann auf dem alten, am Marktplatz stehenden Rathaus plötzlich die Sturmglocke erklang setzte sich der Streit auf der Straße fort. Einige Soldaten liefen nun mit gezogenem Säbel durch die Stadt und schlugen wahllos auf die Leute ein. Vor dem Gasthaus »Zum Braunen Hirsch« selbst kam es zu einer Schlägerei und Messerstecherei zwischen Soldaten und jungen Orber Männern, wobei ein Orber lebensgefährlich am Kopf verletzt und aus mehreren Wunden blutend vom Platze getragen werden musste. Die Wut der Orber Bürger richtete sich

nun pauschal gegen die in Orb stationierten bayerischen Truppen (36 Mann). Sie wurden mit Beschimpfungen und Drohungen zurück in ihr Quartier in der Kleinkinder-Bewahranstalt am Untertor gejagt. Die Aufregung der Einwohner steigerte sich am 2. März. Es verbreitete sich das Gerücht nachmittags gegen 4 Uhr würde die Sturmglocke geläutet und die Soldaten aus der Stadt gejagt. Als dann die Sturmglocke tatsächlich läutete lief eine große Menge Menschen auf dem Platz vor dem Rathaus zusammen, viele mit Gewehren einige mit Heu- und Mistgabeln bewaffnet. Der Landrichter versuchte die Bürger zu beruhigen. Als sich die bewaffnete Menge Richtung Kaserne vor dem Stadttor in Bewegung setzte. Vor der Kaserne gab der Landrichter wegen der bedrohlichen Lage der Menge zu verstehen, dass er mit dem kommandierenden Offizier Rücksprache halten werde, ob er bereit sei, mit seinen Soldaten abzuziehen. Wegen der für die königliche Truppe ausweglosen Situation, stimmte der Offizier zu abzuziehen. Am 2. März abends setzte sich die kleine Truppe überhastet, ein Großteil ihres Materials zurücklassend, über die Straße nach Wirtheim Richtung Aschaffenburg ab. Bewaffnete Bürger setzte der Truppe nach und es kam zu Schusswechseln.

Aber schon am 5. März 1849 kam das königlich-bayerische Strafgericht in Form von 346 Soldaten mit Kanonen nach Orb zurück. Warnschüsse wurden über die Stadt abgegeben, und gegen 17 Uhr marschierten sie in Orb ein. Am 7. März betrug die Präsenzstärke der in Orb stationierten Truppen 500 Mann. Während der folgenden Tage wurden 23 Orber Bürger verhaftet und alle Waffen beschlagnahmt. Am 16. März 1849 zog der Großteil der Soldaten wieder ab, 154 Soldaten blieben bis zum Abschluss der Untersuchungen zurück. Von den 23 verhafteten Orber Bürgern wurden nur 9 im Mai 1850 lediglich wegen des Vergehens der „Widersetzung gegen die Obrigkeit“ und nicht wegen „Tumultes“ (Revolution) verurteilt und erhielten Gefängnisstrafen zwischen drei und 15. Monaten. 12 wurden freigesprochen, gegen 2 „Abwesende“ ist die Einleitung des „Ungehorsamsverfahrens“ beschlossen worden, und deren „Aburtheilung“ wurde auf einen später Termin festgesetzt.

Das mit Österreich verbündete Königreich Bayern verlor im »Deutschen Krieg« 1866 die Schlacht von Königgrätz gegen Preußen und musste infolge des Wiener Kongresses u.a. das Orber Gebiet an Preußen abtreten. Ab 1.1.1867 gehört Orb zu Preußen.

Preußen, das selbst große Salzlager besitzt (z.B. in Staßfurt), entledigt sich der finanziell unattraktiven Orber Saline recht schnell. Für 29.500 Taler wird sie schon im Mai 1867 an die Stadt Orb verkauft, die nun vergeblich versucht, hier Arbeitsplätze zu erhalten.

1899, nachdem die sogenannten »Frankfurter Jagdherren« das Gelände der Saline erwerben, die vorhandene rudimentäre Parkanlage zum Kurpark ausbauen, ein Kurhaus und ein Badehaus bauen beginnt nach den Einweihungsfeierlichkeiten am 18. Mai 1900 der wirtschaftliche Aufschwung zum Heilbad.

Heppengasse

Die Gasse beginnt an der Obertorstraße und biegt am »Hohen Pflaster« Richtung Kanalstraße ab. In der Kurve zweigt eine schmale Gasse, der »Kerbeswinkel« – auch Kercheswinkel oder Kirchhofswinkel – zum Burgring, zum Friedhof und zum Schiffershof ab.

Mit »Heppe« bezeichnet man in Orb eine besondere Art Beil, das am Ende der Schneide einen Winkelhaken besitzt. Mit diesem wurde das abgehauene Reisig aus dem Gehölz gezogen, zerkleinert und zu Reisigbündeln zusammengebunden (siehe Bild, S. 23).

Hermann-Löns-Weg

Eine Sackstraße südlich der »Haselstraße«, Zufahrt von »An der Heppenmauer« benannt nach dem Schriftsteller Hermann Löns.

Der Journalist und Schriftsteller Hermann Löns wurde am 29.8.1866 in Kulm an der Weichsel, damals Westpreußen, heute polnisch «Chelmno« geboren. Nach dem Studium der Naturwissenschaften und der Medizin war er meist als Berichterstatter und Schriftleiter in Hannover und Bückeburg tätig. Er war ein Meister der Naturschilderung, und viele seiner Gedichte und

Lieder sind von seiner Liebe zur Lüneburger Heide geprägt. Löns schrieb außerdem volksliedhafte Lyrik und volkstümliche Romane. Er war der Lieblingsdichter der Jugendbewegung und ist zu Beginn des Ersten Weltkrieges bereits am 26.09.1914 im Alter von 48 Jahren bei Reims in Frankreich gefallen.

Hochstraße

Die Hochstraße führt von der Würzburger Straße nach Osten auf den Wintersberg (434 m). Früher hieß sie »Wolfsgraben« oder »Wolfsgrubenstraße«, im Volksmund »Hööch«.

Holzhof

So heißt im Volksmund der Parkplatz am Burgring beim Obertor; er ist jedoch namentlich nicht im Stadtplan genannt.

Dieser Platz – hart an der Stadtmauer im ehemaligen Stadtgraben gelegen – wurde 1725 an die jüdische Gemeinde als Friedhof abgetreten. 1823 wollte die Stadt diesen dann gegen den Willen der Judengemeinde an den Wintersberg verlegen. Es kam deswegen sogar zu einem Prozess, den die Stadt aber verlor. In späteren Jahren einigte man sich gütlich darauf, dass die Israeliten ihre Toten auf dem Judenfriedhof in Aufenau beerdigen. Nachdem dieser Friedhof voll belegt war, wurde in Bad Orb in der »Rhönstraße« ein neuer Judenfriedhof eingerichtet.

Der alte Judenfriedhof am Obertor wurde aufgelassen und fand Verwendung als städtischer Holzlagerplatz – daher der Name »Holzhof«. Die Fläche ist heute Parkplatz und wird von der Theatergruppe des Kulturkreises als Freilichttheater genutzt.

Horbisgasse

Die Horbisgasse war bis Ende der 1920er Jahre ein kleiner Stadtteil für sich. Sie lag hinter dem »Badehaus II« und war begrenzt von der »Hauptstraße«, der »Fischborngasse«, der »Jössertorstraße« und vom »Quellenring«. Im Grunde genommen waren es zwei Gassen, nämlich die »Hintere Horbisgasse« mit 20 bewohnten Häusern und die »Vorderen Horbisgasse« mit 11 Wohnhäusern. Wegen den ungünstigen dumpfen Verhältnissen wurden die alten Häuser abgerissen und Bewohner in die »Eduard-Schreiber-Siedlung« umgesiedelt.

Der Name »Horbis« soll verwandt sein mit dem Namen »Orbaha« und bedeutet etwa so viel wie feuchtes oder sumpfiges Gelände.

Horststraße

Die Straße von der »Lindenallee« vorbei an der »Toskana Therme«, dem »Hotel an der Therme « (Tunnel), der »Konzerthalle« weiter wieder bis zur »Lindenallee«.

Namensgeber ist der »Horst«, mit 540 m der höchste Berg der Orber Gemarkung. Südöstlich des Horst liegen das Restaurant »Horstberg« und der Golfplatz des »Golfclub Bad Orb Jossgrund e.V.« (18 Loch), eingeweiht am 09.07.1996 mit einem goldenen Hartgummiball.

Hubertusstraße

Die Straße verläuft westlich um den Molkenberg herum und mündet in den Burgring. Weil die Straße ursprünglich bis ins Leimbachtal ging, hieß sie eine Zeitlang »Leimbachstraße«. Der ehemals dort herunterfließende »Leimbach« hatte im Laufe der Jahre einen tiefen Graben ausgewaschen. Die Leimbach floss früher an der Burg (Museum) vorbei durch die heutige »Pfarrgasse« in der Altstadt und bog in Höhe der Häuser zwischen dem Pfarrhof und der heutigen Volksbank nach links zum Orbbach ein. Von der Leimbachquelle wurde unterhalb der Burg die »Stadtmühle«, auch »Milchlingsche Mühle« genannt, betrieben. Die Stadtmühle wurde 1799 abgebrochen und dort eine Wohnung für den Rentbeamten gebaut.

Im Leimbachhohlweg standen Eichen, deshalb wurde der Weg von den Einheimischen auch »Eichhöhle« genannt.

Hufnagel-Anlage

Eine Parkanlage östlich der Kurparkstraße und benannt nach den Gebrüdern Hufnagel, dem Arzt Dr. Wilhelm Hufnagel und seinem Bruder Friedrich Hufnagel, Pfarrer zu Hanau. Sie eröffneten 1884 in der Kanalstraße 44 eine Kinderheilanstalt, aus der sich später das »Spessart Sanatorium«, aktuell »Spessart-Klinik« genannt, an der Würzburger Straße entwickelt hat.

Dr. W. Hufnagel ist einer der Gründer des Spar- und Creditvereins Orb, also des Vorläufers der Volksbank Orb bzw. der heutigen VR-Bank am Untertor.

Die Hufnagel-Anlage wurde von der Firma Engelbert Strauss gekauft. 2022/23 entstehen am Bad Orber Kurpark mit dem sog. »Alea Park« ein Resort für Mitarbeiter und Besucher des Unternehmens sowie für besondere Gäste der Stadt. Neben einem Apartmenthaus noch ein Sterne-Restaurant, Hotelsuiten und ein Sterne-Restaurant.

Johanna-Prasch-Straße

Johanna Prasch ist die einzige Frau, nach der in Bad Orb eine Straße benannt ist. Johanna Prasch ist 1895 in Orb geboren und hier in einer alteingesessenen Orber Arbeiterfamilie aufgewachsen. 1924 wurde sie Mitglied der SPD und 1928 der Arbeiterwohlfahrt. Da sie ihre Gesinnung nicht versteckte wurde sie 1933 verhaftet. Sie blieb sozialpolitischen Grundsätzen treu und wurde von der Militärregierung als Stadtverordnete eingesetzt. Schon bei der ersten freien Wahl 1946 wurde sie ins Stadtparlament gewählt und wirkte dort über 25 Jahre. Zu ihrem 25-jährigem Stadtverordnetenjubiläum wird ihr der Titel Ehrenstadtverordnete verliehen. Bis zu ihrem Tode ist sie in der Kommunalpolitik tätig.

Johanna Prasch ist neben ihrer Aufgabe als Mutter und Hausfrau nicht nur Kommunalpolitikerin, sie widmet sich auch mit ganzer

Kraft der Sozialarbeit im Rahmen der Arbeiterwohlfahrt. „Mit der ganzen Kraft ihrer Persönlichkeit setzte sie sich für die Sorgen und Nöte ihrer Mitmenschen ein. Ihr ganzes Leben, ihr ganzes Handeln war immer danach ausgerichtet, anderen Menschen zu helfen", so Bürgermeister Robert Bauer und Stadtverordnetenvorsteher Kurt Schüssler in einer Traueranzeige. Johanna Prasch ist nicht nur in städtischen Körperschaften, sondern auch im Kreistag aktiv.

Johanna Prasch mit Kollegen Stadtverordnete und Bürgermeister Drisch (hinten rechts) um 1950.

In einem Nachruf im Bad Orber Anzeiger ihr politisches Wollen als jederzeit von aufrechter Menschlichkeit beschrieben und dass für sie die Politik ein Handwerkszeug gewesen ist, die sozialen Belange im Dienste aller Mitbürger zum Besten zu gestalten.

Bundespräsident Heinrich Lübke hat sie mit dem Bundesverdienstkreuz ausgezeichnet. Nicht zuletzt, weil ihre Biografie ein lebenslanges Wirken für die Menschen und ihre Heimatstadt belegt. Zeitzeugen bescheinigen ihr immerwährendes Bestreben sozialschwachen Menschen zu helfen.

In den entbehrungsvollen Nachkriegsjahren organisierte Prasch die Schulspeisung. In der Chronik der Martinus-Schule von 1947 ist zu lesen: „Am 19. Mai begann an unserer Schule die Kinderspeisung. Am der Speisung nehmen alle Kinder teil, die nicht Selbstversorger oder Teil-Selbstversorger in Fleisch und Fett sind. Das Frühstück hat einen Nährwert von 350 Kalorien. Das Essen wird in der alten Burg zubereitet und von 10 Uhr ab an der Schule ausgegeben."

Auch Johanna Praschs Engagement bei der Unterbringung von Heimatvertriebenen in Bad Orb ist aller Ehren wert.

Jahnstraße

Bad Orb. Villenkolonie am Wintersberg.

Das Gebiet zwischen dem Kurpark und der Straße nach Burgjoss wurde anfangs der 1900er Jahre als das »Villenviertel« bezeichnet. Kurpark- und Jahnstraße im heutigen Ausbau existierten noch nicht. Erst als die „Villen" immer mehr wurden und auch „andere" Häuser entstanden wurde in der Mitte zwischen Kurpark und der heutigen Würzburgerstraße die »Jahnstraße« angelegt. Die ersten Häuser der Jahnstraße gehörten zur

»Neuen Hansenhöhle«, die aber 1928 zum 150. Geburtstag F. L. Jahns auch in »Jahnstraße« umbenannt wurde.

Der Namensgeber »Turnvater« Jahn war Patriot und Sprachforscher. Er legte 1811 in der Hasenheide bei Berlin den ersten Sportplatz an und unterrichtete »Turnen« am Gymnasium »Zum Grauen Kloster« in Berlin. Darunter verstand er nicht nur Sport, sondern auch Erziehung zum tüchtigen Menschen und Staatsbürger schlechthin. Friedrich Ludwig Jahn wurde am 11.08.1778 in Lanz in der Prignitz (Mark Brandenburg) als Sohn eines Pfarrers geboren und studierte nach dem Besuch des Gymnasiums Theologie und Geschichte, später auch noch Nordische Sprachen. Daneben besuchte er Vorlesungen des Dichters, Historikers und Publizisten Ernst Moritz Arndt, dessen Schriften gegen Napoleon Jahn mit Sicherheit entscheidend geprägt haben.

1813 meldete er sich und seine Turner als Freiwillige zum Befreiungskampf gegen Napoleon (Völkerschlacht bei Leipzig). Anschließend war er kurze Zeit in Frankfurt/M. stationiert und widmete sich dann wieder dem Turnen und dem Kampf um Deutschlands Einheit und um den Aufbau eines demokratischen Staatswesens. 1817 wurde er von den Universitäten Jena und Kiel mit der Ehrendoktorwürde ausgezeichnet. Dann erlebte er noch viele schicksalsschwere Jahre: Er wurde wegen Demagogie verhaftet und in der Festung Kolberg sechs Jahre lang eingesperrt, seine Frau starb, sein Haus brannte ab. 1848 wurde er als Abgeordneter ins Parlament der Frankfurter Paulskirche berufen und starb schließlich am 15.10.1852 in Freyburg/Unstrut an einer Lungenentzündung.

Johann-Büttel-Straße

Johann Büttel wurde am 30.06.1831 als achtes Kind der Eheleute Heinrich Büttel (Maurer und Gemeindepfleger) und Maria Büttel, geb. Weisbecker, in Orb geboren. Er war verheiratet mit Katharina Iff und verstarb am 13.10.1910 in Bad Orb. Johann Büttel übte in Würzburg den Beruf eines Bezirkstierarztes aus ... nicht in Orb, weil das hiesige Bezirkstierarztamt beim Anschluss Orbs an Preußen 1867 aufgelöst worden war. Sein Buch »*Geschichte der Stadt und Saline Orb*« (1901), dass bis heute wohl bedeutendste heimatgeschichtliche Werk über seine Heimatstadt wollte er als „Ergänzung der vaterländischen Geschichte" verstanden wissen. Seine Grabstätte aus Orber Buntsandstein trägt die Inschrift:

Johann Büttel, Königl. Bayerischer Bezirkstierarzt a.D., 1831-1910
Er war ein großer Freund der Jugend und Förderer ihrer Bildung
Ehre seinem Andenken

Josef-Engel-Anlage

Josef, drittes von vier Kindern des Johann Anton Engel und der Luise Weisbecker. Die Mutter stirbt, als er 2 ½ Jahre alt ist. Der Vater fällt 1917 bei Verdun. Eine Tante und später sein Onkel

Heinrich kümmert sich um die Familie. Josef wächst zusammen mit 7 Cousinen und Cousins auf. Nach der Mittleren Reife (Realschulabschluss) macht Josef eine Lehre im Büro der Orber Zigarrenfabrik Limpert. Ab Sommer 1928 Anstellungen bei Rechtsanwalt Mannhardt, im Orber Konsum und bei der Firma Adt in Wächtersbach. Ab 1938 arbeitet er im Sanatorium Küppelsmühle. Von dort geht er 1974 in den Ruhestand. 1928 gründet Josef, sportlich aktiv wie Vater Johann Anton u. Onkel Heinrich, im Turnverein einen »Spielmannszug« und ist als Flötist aktiv. Dieser Spielmannszug hat allerdings nur 4 Jahre Bestand und löst sich 1932 wieder auf. 1934 heiratet Josef Engel Anna Rübsam. Im Januar 1940 wird Josef Engel in die Stabskompanie der Luftflotte III eingezogen. Nach Wehrmachtszeiten an verschiedenen Abschnitten der Westfront kommt er in den letzten Kriegswochen als Unteroffizier in Frontstellungen in Schlüchtern und Bad Brückenau zum Einsatz. Dort gerät er Anfang April 1945 in amerikanische Gefangenschaft. Nach der Entlassung aus der Gefangenschaft nimmt er seine Tätigkeit in der Küppelsmühle wieder auf. Neben seiner beruflichen Tätigkeit engagiert sich Josef Engel im Orber Turnverein, in den er 1926 eingetreten ist. Er ist aktiver Turner und Leichtathlet. Im Turnvereinsvorstand ist er als Schriftführer, Kassenwart, Vereinsdiener, Geschäftsführer und zuletzt Ehrenbeisitzer mit Sitz und Stimme tätig. 1952 initiiert Josef Engel erneut die Gründung eines »Spielmannszugs« aus dem sich über die Jahre das Blasorchester des Turnvereins entwickelt. Josef Engel gibt über viele Jahre Turnvereinsmitteilungen in Form von Rundbriefen heraus. 1979 wird Josef Engel Obmann des Turnverein-Seniorenkreises und übernimmt diese Aufgabe bis zu seinem achtzigsten Lebensjahr. 1954 übernimmt er die Position des Rechnungsführers der »Quanz`schen Familienstiftung« und übt diese Tätigkeit 35 Jahre aus. Ab 1958 ist Josef Engel ist 25 Jahre Mitglied im »Pfarrgemeinderat«. Im selben Jahr beruft man ihn, neben Bürgermeister Anton Drisch, in das fünfköpfige »Organisationsgremium 900 Jahre Bad Orb«. 1977 wird Josef Engel mit dem »Bundesverdienstkreuz« ausgezeichnet. 1980 beginnt er damit, regelmäßig »Beiträge aus Orber Vergangenheit« zu verfassen und veröffentlicht sie im »Bad Orber Anzeiger« und in der »Stadtschelle«. 11 Jahre dauert diese Schaffensphase. Für diese besondere Leistung und für alles das, was Josef Engel noch für die Stadt Bad Orb und ihre Bürger getan hat, wird ihm am 25. Februar 1989, seinem 80. Geburtstag, die »*EHRENBÜRGERSCHAFT*« verliehen. Zur bleibenden Erinnerung erhält der Platz vor dem Haus der Vereine ab 1993 den Namen »JOSEF-ENGEL-ANLAGE«

Jössertorstraße

Diese Straße führte einst durch das Jössertor nach Osten in den Jossgrund und weiter nach Jossa. Vor dem Jösser Tor hatte man schon um 1579 begonnen eine Vorstadt zu bauen. Dort

wohnten anfangs Leute, die entweder sehr arm waren oder einen unehrlichen Beruf ausübten (Scharfrichter, Henker, Abdecker, Totengräber) und deshalb nicht in der Stadt wohnen durften.

Kanalstraße

Diese Straße hieß früher »Schachtstraße«.

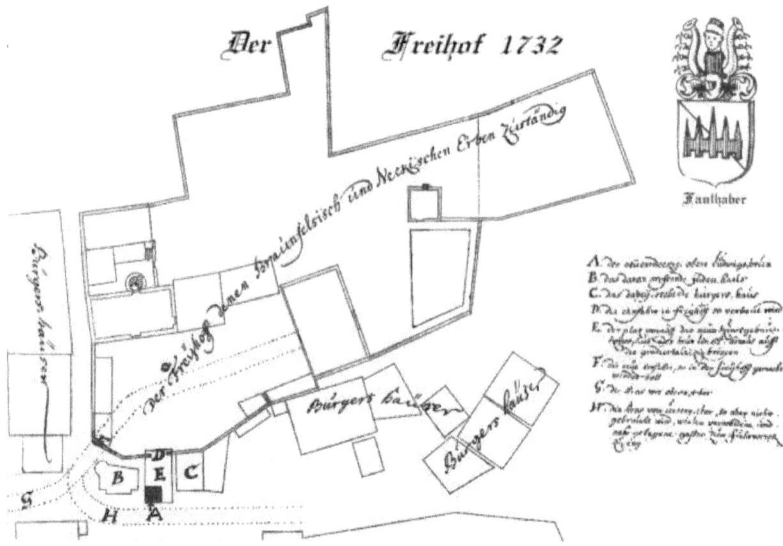

Nahe des Eingangs in den Freihof gab es eine Solequelle, den »Oberen Ludwigsbrunnen«, dessen Sole war zwar nur schwach salzhaltig, wurde aber dennoch fast 100 Jahre lang bis 1822 für die Saline genutzt. Vom Schacht aus leitete man das Salzwasser in Röhren und Rinnen zu den damals schonsüdlich der Stadt stehenden Gradierwerken und in die Sudhäuser. Der alte Namen »Schachtstraße« erinnert noch daran.

Die Kanalstraße wurde auch als »Steinweg« bezeichnet; sie soll die erste Straße Orbs gewesen sein, die mit Steinen gepflastert wurde. Die ehemals dort ansässige Bäckerei Schreiber hatte den Hausnamen »Stoawegsbäcker« (Steinwegsbäcker).

Kasselbergweg

Dieser Weg führt von der Frankfurter Straße ins Leimbachtal. Von dort erreicht man, vorbei an der Kapelle Graue Ruh den Nachbarort Kassel (heute Ortsteil von Biebergemünd).

Kapellenstraße

Die Straße erschließt ein hofähnliches Gebiet seitlich der Wendelinusstraße. In diesem Gebiet befand sich ein Kapellchen, das Sieche und Kranke aufsuchen konnten, die außerhalb der Stadt bleiben mussten. Das Kapellchen wurde um 1500 errichtet und 1634 zerstört.

Kinzigweg

Diese Straße ist nach der Kinzig benannt, in welche die Orb zwischen Wächtersbach und Biebergemünd-Wirtheim einmündet. Die Kinzig selbst ist ein 82 km langer rechter Nebenfluss des Mains.

Das Kinzigtal war schon im Mittelalter eine wichtige Verkehrsader von Frankfurt über Fulda nach Leipzig (»Frankfurt-Leipziger-Straße«). Eisen- und Autobahn sind heute die wesentlichen Fernverkehrswege durch dieses Tal, das sich zwischen dem Vogelsberg und Spessart in südwest-nordöstlicher Richtung erstreckt.

Noch ein Merkspruch: „Kinzig, Sinn und Main rahmen den Spessart ein.“

Kirchgasse

Die Kirchgasse ist die letzte, fast lückenlos erhaltene Fachwerkstraße Bad Orbs. Sie führt vom »Marktplatz« zur »Kirche St. Martin«.

In der Weihnachtsnacht 1983 ist die Kirche aus ungeklärter Ursache von einem Großbrand fast vollständig zerstört worden. Über den Wiederaufbau und die heutige Innenausstattung gibt ein gedruckter Kirchenführer kompetent Auskunft. Ein kurzer Blick in die Zeit vor dem Kirchenbrand soll hier aufzeigen, welch unwiederbringlichen Verlust Bad Orb durch diese Brandkatastrophe erlitten hat: Die Kirche, eine gotische Hallenkirche, deren Inneres im Laufe der Jahrhunderte mehrere Veränderungen erfuhr. Auf die Entstehungszeit dieses Sakralbaues, das 14. Jh., wiesen einst sehr gut erhaltene Seccomalereien im Chor und in den Seitenschiffen hin. Von diesen Wandmalereien sind nur die an der Ostwand der »Sakramentskapelle« erhalten.

Das wertvollste Kunstwerk der Kirche, war die Mitteltafel, die Kreuztafel eines aus der Zeit um 1440 stammenden gotischen Flügelaltars. Der Altar war das Werk des namentlich unbekannten »Meisters der Darmstädter Passion«. Die originalen Seitenflügel des Altars waren wahrscheinlich zu keiner Zeit in Orb. Belegt ist folgendes: 1821 erwarb sie das Deutsche Museum in Berlin, heute »Gemäldegalerie, Staatliche Museen Berlin, Preußischer Kulturbesitz«, von dem englischen Großkaufmann Eduard Solly. Wie dieser sie in seinen Besitz gebracht hat, ist nicht bekannt. In den 1950er Jahren wurden zur Vervollständigung des Orber Altars von den beiden Seitentafeln (4 Bilder, jeweils Vorder- und Rückseite) von dem Künstler Hans List, Altötting Kopien angefertigt. Bei der barocken Umgestaltung 1978/79 wurde das gotische Altarbild in das nördliche Seitenschiff versetzt. Beim Kirchenbrand Weihnachten 1983 ist es verbrannt. Das Altarbild wurde nach Fotografien 1984/85 kopiert und ist heute wieder im nördlichen Seitenschiff zu sehen.

Unter dem Einfluss des Konzils von Trient, d.h. unter dem Einfluss der Gegenreformation und der tatkräftigen Mithilfe der kunstsinnigen und baufreudigen Grafen von Schönborn wurde die Kirche 1683 im Barockstil neu ausgestaltet. Johann Philipp von Schönborn (1605-1673), jenem Mainzer Erzbischof und Kurfürsten, nach dem auch die Philippsquelle benannt ist, verdankten die Orber den barocken Hochaltar von 1683. Im Altarbild waren die seinerzeit herrschenden Kräfte der damaligen Zeit dargestellt: „Das Ölgemälde [...] zeigt, in Anlehnung an das Trienter Konzil und die Disputa von Raffael, die Verehrung des Allerheiligsten Altarsakramentes. Schwebende Engel tragen das Sanctissimum. Darunter knien links Papst und die Geistlichkeit, rechts Kaiser und Reichsfürsten, die herrschenden Kräfte der damaligen Zeit. Es ist anzunehmen, daß in jeder Gruppe je ein Mitglied aus dem bedeutenden und machtvollen Geschlecht von Schönborn dargestellt ist. Johann Philipp von Schönborn, [...] ab 1647 Kurfürst und Erzbischof von Mainz, [...] stiftete das Orber Altarbild." (Robert Eckert)

Nahezu die gesamte barocke Ausgestaltung, die von 1683 bis 1935 und wieder von 1979 bis 1983 den Kirchenraum schmückten, fiel Weihnachten 1983 dem Feuer zum Opfer, so auch der barocke Marienaltar.

Nach dem Kirchenbrand wurde das Kirchengebäude auf dem Grundriss von 1979 wieder aufgebaut. Beim Innenausbau entschloss man sich zu einer Re-Gotisierung nach Entwürfen von Dombaumeister Schädel aus Würzburg.

Kolpingweg

Der Kolpingweg ist ein in den Jahren 1932/33 von Mitgliedern des damaligen Gesellenvereins (heute »Kolpingfamilie«) ausgebauter Feldweg, parallel zur Berliner Straße am Wintersberg – benannt nach dem Begründer der Kolpingfamilie Adolf Kolping (1813-1865). Er war gelernter Schuhmacher, besuchte (als Erwachsener!) von 1837 bis 1841 das Gymnasium in Köln und studierte dann bis 1844 an den Universitäten in München und Bonn. 1845 wurde er in Köln zum Priester geweiht, war anschließend als Kaplan tätig und gründete 1846 die erste Gruppe seines Handwerker-Gesellenvereins.

1929 wurde in Bad Orb die hiesige Kolpingfamilie gegründet.

Kuhhöhle

Unter einer solchen »Höhle« versteht man in Orb keine Höhle im eigentlichen Sinn, sondern einen primär durch Wasser ausgewaschenen Hohlweg (Erosion des relativ weichen Sandsteinbodens durch Wasser).

Kurmainzer Straße

Orb, seine Burg und seine Salzquellen wurden 1064 vom Kaiser dem Kurfürsten von Mainz geschenkt. Wenn auch die Besitzverhältnisse in den folgenden Jahrhunderten durch Teilungen, Schenkungen, Kauf, Erb- und Pfandschaft sowie durch Besitzwechsel nach dem Dreißigjährigen Krieg vielfach wechselten, so blieb doch Orb 739 Jahre lang eng mit dem Kurfürstentum Mainz, also mit Kurmainz, und seinem Schicksal verbunden.

Die Bezeichnung »Kurmainz« hat aber nichts mit einem »Kur-Ort« zu tun, sondern geht auf das in der »Goldenen Bulle« (1356) festgelegte Recht der Mainzer Bischöfe zurück, zusammen mit sechs weiteren Kurfürsten (Trier, Köln ,Kurpfalz, Böhmen, Sachsen, Brandenburg) den Kaiser zu küren, also zu wählen.

Kurparkstraße

Mit der Anlage der »Kurparkstraße« entlang des Kurparks wurde das sogenannte Villenviertel erschlossen.

1899 wurde das ca. 12 ha große Salinengelände – ein Teil war der heutige Kurpark – mit allen Baulichkeiten, jedoch ohne Inspektoren- und Rathaus, an die sog. »Frankfurter Jagdherren« für den Preis von 150.000 Goldmark verkauft. Die alten nun nicht mehr benötigten Anlagen der Saline wurden abgerissen. Der Kurpark wurde angelegt und ein Kurhaus zusammen mit einem Badehaus gebaut. Kurhaus, Badehaus und das als Freiluftinhalatorium erhalten gebliebene Gradierhaus Nr. X wurden mit einer Wandelbahn verbunden. Über die Wandelbahn kam man in die geräumige Vorhalle des Badehauses. Von dort gelangte man nach links und rechts zu den je 16 Badekabinen. Verabreicht wurden: Sole- u. Kohlesäurebäder, Schwitz-, Moor-, heiße Sand-, sowie elektrische Lichtbäder und Fangopackungen.

Im Badehaus waren Räume für Kaltwasserbehandlung, Schwitz-, Sand- und Moorbäder, elektrische Lichtbäder, Massage- und Fangobehandlung.

Am 17. Mai 1900 wurde das Kurhaus feierlich eröffnet. Eine neue Ära – Orb als Kurstadt – begann.

Besondere Aufmerksamkeit im Kurpark verdient das einzige erhaltene Gradierhaus Nr. X. Es ist ausgefacht mit Schlehdorn (auch Schwarzdorn genannt – Prunus spinosa), einem Rosengewächs, das an Waldrändern oft als dornige Hecke zu finden ist. Für seine Aufgaben im Gradierwerk weist es ein hohes Maß an Eigenstabilität mit hervorragenden Durchlüftungseigenschaften auf, wodurch sein Flechtwerk heutzutage die Aerosolbildung unterstützt (Freiluftinhalatorium). Seine Rinde löst sich trotz des Salzwassers, der Sole, nicht vom Kernholz

und bietet den in der Sole gelösten Mineralien (insbes. Gips und Ton) die Möglichkeit, sich abzulagern; diese mit Ablagerungen überzogenen Reisigbündel bezeichnet man als »Dornsteine«. Die immer stärker werdenden Ablagerungen erhöhen das Gewicht der Reisigbündel und schränken die Gradierfunktion ein. Die Schwarzdornbündel müssen erneuert werden. Das noch erhaltene Gradierhaus ist 160 m lang und enthielt ursprünglich 26.600 Bündel Schwarzdornreisig in 76 Feldern.

Lauzenstraße

Diese Straße in dem Flurteil »Vordere Hasel« wurde früher von den Orbern als »Kleine Hasel« oder »Hinter der Mühle« bezeichnet. Ihren heutigen Namen erhielt die Straße erst zu Beginn des 20.Jahrhunderts bei der Bebauung dieses Siedlungsgebietes. Hier stand einst die Burg der Ritter von Lauzen außerhalb der Stadtmauer am Haselbach.

Ihre Burg war anscheinend im 18.Jahrhundert völlig verfallen und ging dann in Privatbesitz über. Auf ihren Resten wurde 1770

ein ansehnliches Wohnhaus und eine Mühle erbaut (Lauzen- oder Haselmühle genannt; vielfach wird das Haus aber auch heute noch als »Lauzenburg« bezeichnet). In die Außenwand des Hauses ist ein 70 x 85 cm großes steinernes Wappen eingemauert, das die Jahreszahl 1515 trägt. Auf ihm ist ein Ritter mit Schwert und Weintrauben zu erkennen der nahe »Lauzenberg« (östlich der Wemmstraße) trug einst einen Weinberg; dieser Flurteil wird heute bisweilen noch als »Wingert« bezeichnet.

Leimbachstraße

Den Namen »Leimbachstraße« hatte einst auch die heutige »Hubertusstraße«. Die Pfarrgasse hieß »Leimbachs-Gasse« (siehe »Hubertusstraße«).

Die »Leimbachstraße« kam im Dreißigjährigen Krieg zu traurigem Ruhm: 1635 wütete in Orb die Pest so sehr, dass die Stadt bis auf 10 Familien und den Pfarrverweser Johann Fischer, Pfarrer zu Oberndorf, ausstarb. Nachforschungen von Karl Schmidt (Bad Orber Anzeiger vom 7.4.1973) haben ergeben, dass in Orb etwa 150 Personen die Pest überlebt haben. Außerhalb der Stadt »in der Leimbach« wurden auf einem Acker, später »Pestacker« genannt, etwa 900 Einwohner begraben, weil der Friedhof schon voll belegt war. Die Leichen wurden jeweils nachts auf dem Marktplatz aufgeschichtet, und früh morgens kamen dort jene Bürger zusammen, welche bisher von der Pest verschont worden waren. Während es vor den Pestzeiten Brauch war die Verstorbenen in der Kirche vor dem Altar aufzubahren und anschließend auf dem Gottesacker zu beerdigen, mussten die Pesttoten wegen der großen Ansteckungsgefahr in aller Eile aus den Häusern geschafft und außerhalb der Stadt begraben werden. Sie wurden meist von Verwandten oder Nachbarn in ein Tuch gehüllt, auf einem Schubkarren oder einer Tragbahre von der Heppengasse her den schmalen Gang entlang der inneren Stadtmauer (Kerbeswinkel) in Richtung Kirche getragen und dann ins Leimbachtal zu dem dort ausgehobenen Massengrab gebracht.

Die Überlebenden des Pestjahres 1635 gelobten, alljährlich zu dem etwa 100 km entfernten, schon seit 1505 bekannten

Gnadenort »Maria im Sande« in Dettelbach/Main eine Wallfahrt zu machen. Dieses Gelöbnis wurde seit 1636 jedes Jahr selbst während der beiden Weltkriege des vergangenen Jahrhunderts primär als Fußwallfahrt, später partiell auch mit zeitgemäßen Verkehrsmitteln meist Mitte August erfüllt.

Um die Jahrhundertwende 1899/1900 wurde – nach Neufassung der Leimbachquellen – die erste Hochdruckwasserleitung für die Stadt Orb gebaut; sie war rund 7 km lang.

Leopold-Koch-Straße

Franz Leopold Koch, der Gründer des Heilbades Orb, wird am 21.07.1782 in Erfurt, das damals auch zum Kurfürstentum Mainz gehört, als Sohn eines kurmainzischen Kammerrats geboren. Er hat noch drei Brüder und zwei Schwestern. 1792/93 verlieren

die Kinder beide Eltern und werden von der Familie einer weitläufig Verwandten, die selbst vier Kinder hat, aufgenommen. 1794 wird der 12jährige Leopold bei anderen Verwandten untergebracht, beim Apotheker Merz in Hammelburg. Dort verbringt er glückliche Jahre, absolviert 1797 das Gymnasium und würde gerne Medizin studieren; doch hierfür reicht das Geld nicht. So wird er Apothekerlehrling beim kränkelnden Apotheker Merz, erhält aber nach dessen Tod durch dessen Provisor (Vertreter) eine sehr gute Ausbildung, die er 1799 als Gehilfe in der Engel-Apotheke zu Bad Mergentheim vervollständigt. Leopold Koch selbst bewertet im Rückblick auf sein Leben jene Jahre in Hammelburg und Bad Mergentheim sehr positiv. Lernbegierig strebt er danach, sein Wissen zu vervollkommnen, nimmt 1805 eine Stelle in der Mohrenapotheke im französisch besetzten Mainz an und erlernt nebenbei eifrig die französische Sprache. Dort erkrankt er an Gicht und muss monatelang das Bett hüten. Sein Brotherr erkennt was er an ihm hat und tut alles für ihn. Aber selbst eine Kur in Wiesbaden bringt nur vorübergehend Linderung. So kehrt Koch 1806 wieder zurück nach Bad Mergentheim, wo seine Genesung rasch gute Fortschritte macht. Erneut versucht Koch sein Glück, nun in der Apotheke des Kaufmanns Ettling in Frankfurt/Main, wo er aber bei einer Explosion im Labor beinahe sein Augenlicht verliert. Immer auf der Suche nach einem Provisoriat, also nach einer Stelle als Vertreter des Apothekers, wird ihm 1807 eine solche („in einem erschrecklichen Drecksneste") für 250 Gulden angeboten und nach einer Prüfung durch den Polizeidirektor Molitor zu Aschaffenburg auch genehmigt. So kommt Koch im September 1807 nach Orb in die Filialapotheke in der alten Burg. Koch: „... ein erbärmliches Etablissement, so dass ich fast wieder umgekehrt wäre." Aber er bleibt. Der damals einzige alte Arzt in Orb ist vormittags voll Schnaps und nachmittags voll Wein. Viele Orber lassen sich deshalb auswärts, von Schröpfern oder von Kurpfuschern behandeln. Kein Wunder, dass Koch, der sich wie ein Arzt um Kranke kümmert, bald über die örtlichen Grenzen hinaus berühmt wird – und es gibt Neider, die ihn wegen seiner Handlungsweise bei der Landesdirektion anzeigen. Es wird ihm untersagt, Patienten zu behandeln; und so widmet er sich nun ganz seiner Apotheke.

1809 kauft er für (geliehene) 2.800 Gulden die Apotheke in der alten Burg (das „erbärmliche Etablissement"). 1811 erwirbt er ein Grundstück vor dem Neutor und baut darauf nun seine Apotheke, die er 1812 bezieht. 1813 heiratet er die 21-jährige Schwester der Wirtin seines Stammlokals »Zum Goldenen Rad«

Anna Maria Blummer aus Höchst/Main, die ihm in den folgenden Jahren sieben Kinder schenkt. Ihr Tod im Jahre 1834 ist für ihn ein schwerer Schlag.

1837 eröffnete Franz Leopold Koch neben seiner Apotheke die **erste Badeanstalt** mit 8 Badekabinen für Solebäder.

Privat belasten Leopold Koch finanzielle Sorgen bis zu seinem Tode. 1850 erkrankt er an einem Rückenmarksleiden, das ihn ans Bett fesselt, bis ihn am 24.11.1850 der Tod erlöst.

Lindenallee

Eine von Linden gesäumte Straße die am Gradierhaus (Freiluftinhalatorium) beginnt und südlich des Kurparks in die »Rotahornallee« mündet.

Lohrer Straße

Diese Straße ist nach der Stadt Lohr/Main benannt. Das Spessartmuseum in Lohr bietet für alle Altersgruppen kurzweilige Informationen über das Leben und die Armut der Spessartbewohner (auch der Spessarträuber) in früherer Zeit. Lohr war einst ein Schwerpunkt der Spiegelherstellung.

Ludwig-Schmank-Straße

Diese Straße wurde 1955 nach dem Pädagogen und Kommunalpolitiker Konrektor i.R. Ludwig Schmank (1876-1955) benannt. Er wurde in Kassel, Gemeinde Biebergemünd, als Sohn

eines Landwirts geboren und war nach entsprechender Ausbildung in Fulda und Fritzlar als Lehrer in Freigericht und in mehreren Orten in der Rhön tätig. 1904 wurde er von Wüstensachsen nach Bad Orb versetzt. Hier war er nach seinem Militärdienst im 1. Weltkrieg neben seiner schulischen Tätigkeit vor allem in der Kommunalpolitik tätig: Mitglied und Vorsteher des Orber Stadtparlaments bis 1933, Mitglied des Kreisausschusses (1929-1933) und stellvertretender Landrat. Wegen seiner Mitgliedschaft in der Zentrumspartei wurde er 1933 zweimal verhaftet und in ein kleines Dorf quasi „strafversetzt“. Da ihm seine Tätigkeit dort nicht zusagte, ließ er sich vorzeitig pensionieren. Nach 1945 kam er wieder ins Stadtparlament und wurde 1948 (72jährig) Stadtverordnetenvorsteher. 1951 wurde er in Anerkennung seiner Verdienste zum Stadtältesten der Stadt Orb ernannt und durfte sich 1954 ins Goldene Buch der Stadt eintragen.

Ludwig Schmank war Mitglied mehrerer Vereine, Mitbegründer des Verbandes der Ruhestandsbeamten und Mitglied des Kirchenvorstandes der katholischen Kirchengemeinde. Er war zweimal verheiratet und hatte fünf Kinder.

Ludwigstraße

Viele Häuser dieser Straße, die durch die »Ludwigsvorstadt« führt, wurden auf Veranlassung von König Ludwig I. von Bayern (er regierte von 1825 bis 1848) als fortschrittliche Siedlung zur Behebung der Wohnungsnot in Orb zwischen 1839 und 1845 erbaut. Es war dies ein Häuserkomplex von 14 Doppelhäusern, wofür „20.000 Gulden aus der Allerhöchsten Kabinettskasse beigesteuert" wurden. 1865 und 1895 wurden weitere zweistöckige Doppelhäuser von der Stadt hinzugebaut. Diese Siedlung trägt auch die Bezeichnung »Ziegelhütte«, weil sich in der Nähe (siehe Faulhaberstraße) einst die Ziegelei der Saline befand.

Marktbrunnenstraße

Westlich, weitab vom Marktbrunnen, zwischen »Kasselbergweg« und »Sachsenhäuserstraße«, liegt die »Marktbrunnenstraße«. Dort sprudelt eine Quelle, mit deren Wasser einst der Brunnen auf dem Marktplatz gespeist wurde.

Marktplatz

1460 verlieh Erzbischof Diether Graf zu Isenburg den Orber Bürgern das Marktrecht: Jeden Samstag durfte ein Wochenmarkt abgehalten werden. 1555 gewährte Kaiser Maximilian II. der Stadt Orb das Recht, im Frühjahr und im Sommer jeweils einen Markt abzuhalten. Diese Märkte sind die Vorgänger des heutigen Ostermarktes (zwei Wochen vor Ostern) und der »Kerb« (Markt zum Kirchweihfest, Ende August).

Als Symbol der Marktfreiheit steht auf dem Marktbrunnen das »Marktbornkindchen«, das in seinem Schild die Stadtfarben weiß-blau und auf seiner Wetterfahne das Mainzer Rad zeigt.

Auf der östlichen Seite des Marktplatzes stand inmitten der Hauptstraße bis 1865 das Orber Rathaus (siehe Seite 48), ein großer Bau mit drei Stockwerken. Nach siebenjähriger Beratung und Diskussion wurde das Inventar rücksichtslos verschleudert und das Haus unter Protest geschichtsbewusster Bürger abgerissen. Ihre Meinung: Hier wird ein prachtvoller, spätmittelalterlicher Fachwerkbau durch Beschluss der königlich bayerischen Regierung und der Stadt Orb leichtfertig vernichtet. Es sollen dabei auch viele alte Urkunden verlorengegangen sein.

Am Marktplatz stand ehemals das Gasthaus zum »Weißen Roß«. Es war ursprünglich der Gasthof des im 13.Jahrhunderts gegründeten ersten Orber Spitals, das im 16. Jahrhundert in ein bescheideneres Gebäude in der »Alten Spitalgasse« verlegt wurde. Dieses Spital, ein Krankenhaus, ist nicht zu verwechseln mit dem »Siechenhaus« (für Kranke mit ansteckenden Krankheiten) in der »Kapellenstraße« beim Jösser Tor – außerhalb der Stadtmauer. Ferner hat es in Orb so etwas wie eine Heil- und Pflegeanstalt für Geistesschwache gegeben, das sog. »Gutenleut-Häuslein«; wo es gestanden hat, konnte nicht festgestellt werden. Für mittellose Fremde und durchreisende Pilger wurde in einem »Elendenhaus« gesorgt.

Das »Weiße Roß« war nachweislich schon 1654 im Besitz der Stadt und ursprünglich das einzige Gasthaus in der Stadt mit Beherbergungsrecht. Jedoch hatten die Salzkärrner, an die von der Saline das Salz zum »Verführen« (Transport über Land)

oder/und zum freien Verkauf abgegeben wurde, das Recht, im »Weißen Roß« ihren Wein auszuschenken, den sie (neben Getreide und anderen Waren) als Rückfracht aus Franken und vom Rhein nach Orb mitbrachten und hier mit Gewinn kredenzen bzw. verkaufen konnten – ein lohnendes Geschäft! 1743 aber setzten die Zünfte der Bäcker und Müller nach langen Auseinandersetzungen mit der Stadt und den Salzkärrnern dann durch, dass sie das Gasthaus »Zum Engel« als ihr zunfteigenes »Herbergs-Lokal« betrachten und benutzen durften. [Das Gasthaus hieß später »Goldener Engel« und existiert nicht mehr.] 1763 wurde das »Weiße Roß« von der Stadt letztmalig verpachtet und später an privat verkauft. Heute ist das »Weiße Roß« eine moderne Wohnanlage primär für aktive Senioren / Seniorinnen, die möglichst lange eigenständig und unabhängig sein möchten, bei Bedarf aber auf ein umfassendes Betreuungskonzept des Roten Kreuzes zurückgreifen können.

Martin-Luther-Straße

Die Straße hieß früher »Am Wintersberg« und danach »Hindenburgstraße«.

Dort standen einst auch die Orber »Lateinschule« und die »Zigarrenfabrik Goldschmidt«. Die Straße ist benannt nach dem Reformator Dr. Martin Luther, dessen Leben und Bedeutung wohl hinreichend bekannt ist, weshalb hier nur Schwerpunkte seines Lebens und Wirkens genannt sein sollen. Geboren als Bergmannssohn am 10.11.1483 in Eisleben, gestorben dort am 18.02.1546. Studierte zuerst Jura, gab aber das Studium auf, wurde Augustinermönch in Erfurt und 1512 Professor der Theologie in Wittenberg. Er wandte sich am 31.10.1517 mit 95 Thesen, die er an der Schlosskirche zu Wittenberg anschlug, gegen den Ablaßmissbrauch und veröffentlichte dann drei grundle-

gende Reformationsschriften (»An den christlichen Adel deutscher Nation«, »Von der babylonischen Gefangenschaft der Kirche« und »Von der Freiheit eines Christenmenschen«). Auf dem Reichstag zu Worms (1521) musste er sich vor dem Kaiser und den Fürsten verantworten, lehnte aber jeden Widerruf ab und wurde deshalb kurz darauf geächtet. Auf dem Rückweg von Worms wird er „überfallen" und auf die Wartburg gebracht, wo er 1522 als »Junker Jörg« das Neue Testament ins Neuhochdeutsche übersetzte. Seine Auseinandersetzungen mit Papst und Kaiser fanden 1530 mit dem Reichstag zu Augsburg ihren Abschluss (Augsburger Konfession).

1525: Gründung einer Familie durch Eheschließung mit der ehemaligen Zisterzienserin Katharina von Bora. Die Jahre bis zu seinem Tod sind neben der Übersetzung des Alten Testaments erfüllt von eifriger Predigt- und Lehrtätigkeit, Herausgabe von Schriften über Gottesdienst und christliche Erziehung (z.B. Kleiner u. Großer Katechismus) und von der Schöpfung neuer Kirchenlieder.

Martinusstraße

Diese Straße ist nach dem Orber Schutzpatron St. Martin benannt, welcher auch der an dieser Straße liegenden Quelle (1874 erbohrt) den Namen gegeben hat. Diese hat zwar nur einen geringen Salzgehalt (ca. 1%), bietet aber durch ihren hohen Mineralgehalt gute Behandlungsmöglichkeiten bei Magen-, Darm-, Galle- und Leberkrankheiten. Das »Orber Heilwasser«

wurde in Flaschen und Krügen ins ganze Deutsche Reich versandt.

Der Martinstag war einst auch „Zahltag": Zinsen, Pachtgelder und Naturalabgaben wurden fällig. Dadurch war er auch ein Tag, an dem sich mit den Einnahmen aus der Ernte in der Regel gut feiern ließ. Hieran erinnert auch noch heute eine Spezialität der Orber Bäcker, der „Bobbereiter", ein Gebäck, dessen Form ein Pferd und einen Reiter darauf erkennen lässt, die „Bobbe" (Puppe) – St. Martin.

Es ist Tradition, so auch in Orb, den Martinstag mit selbstgebastelten Laternen und Lampions mit einem Umzug zu feiern. In einem Lichterzug ziehen Kinder mit ihren Eltern bei Einbruch der Dunkelheit durch die Straßen, angeführt von einem Reiter, der den Heiligen symbolisiert.

Meistersgasse

In der Meistersgasse bewohnte einst der »Wasenmeister« das sog. »Henkershaus«. Der Wasenmeister war der Schinder, welcher nicht nur verendete Tiere zu entsorgen, sondern in der Regel auch beim Hochgericht am Galgenberg die Aufgabe des Henkers wahrzunehmen hatte. Sein Beruf war »unehrlich«; er war also kein »ehrbarer« Bürger wie beispielsweise die Handwerker oder Kaufleute. Sein Haus stand deshalb auch nicht innerhalb der Stadtmauern.

Michaelstraße

Die Straße ist benannt nach dem Erzengel Michael. Er ist der Schutzherr aller Gläubigen, der Apotheker und Kaufleute. Er wird meist dargestellt als ritterlicher Jüngling mit dem Flammenschwert (Drachentöter).

Mittelweg

Der Name bezeichnet die Lage des Weges; er verläuft in der Mitte zwischen dem Wächtersbacher Weg und dem Kinzigweg.

Molkenbergstraße

Nach Dr. Karlheinz Schäfer müsste der Molkenberg eigentlich »Wolk-Berg« heißen. Als »Wolk« bezeichneten die Kelten den Wolf. Mundartlich hat sich diese Bezeichnung wahrscheinlich abgeschliffen zum heutigen Molkenberg, um den sich die Sage vom »Peter von Orb« rankt. Dieser soll ein berüchtigter Spessarträuber gewesen sein. Als man ihn endlich gefangen hatte, wurde er im Wartturm auf dem Molkenberg eingesperrt. Ein Fuchs aber, den er als junges Tier gezähmt hatte und der ihm treu ergeben war, soll unter der Grundmauer des Turms hindurch einen Gang gewühlt haben – durch den der Räuber entwischen konnte; der Fuchs wurde von den Wächtern erschlagen. Sie verscharrten ihn in dem Gang, den sie mit einem großen Stein verschlossen, mit dem »Fuchsstein«.

Ist dieser »Peter von Orb« überhaupt eine reale Person? Von Dokumenten, die diese Person zweifelsfrei bestimmen, ist nichts bekannt. Einmal wird bei Paul Craemer *Die Jagd im Spessart in Sage und Geschichte* davon berichtet, dass im Jahre 1665 eine Räuberbande im Spessart ihr Unwesen trieb und einer der verwegendsten Strolche ein gewisser Peter von Orb gewesen sei und in einer anderen Schrift über die Kartause Grünau bei Wertheim ist zu lesen, dass um 1780 der berüchtigte Peter von Orb und der Hasenstab ihr Unwesen im Spessart trieben. Die Jahreszahlen 1665 und 1780 passen überhaupt nicht zusammen. »Peter von Orb« vielleicht doch nur eine Sagenfigur?

Im Sommer 1999 wurde im historischen Holzhof zu Orb in einer Freilichtaufführung das Theaterstück »Peter von Orb« von der Theatergruppe des Kulturvereins aufgeführt.

Obertorstraße

Sie ist benannt nach dem oberen Torturm der Stadtmauer. Er wurde nicht abgerissen, weil er – in der Nähe der Polizeiwache liegend – als Gefängnis diente. Dort ist ein Auslauf des »Roßborn«, an dem die Fuhrleute ihre Pferde nochmals tränken konnten, bevor sie die Stadt durch das Tor verließen.

In der Obertorstraße steht ein großes Fachwerkhaus. Ein Türsturz mit einer eingeritzten Brezel weist es als ehemalige Bäckerei aus. Der Orber Heimatforscher Dr. Heinz Dehmer vermutet hier die Bäckerei der Familie Sommerlad. Die Familie ging später nach Gießen und ein Zweig davon nach Leipzig. Von letzterem soll die schwedische Königin Silvia abstammen.

Dort, wo heute in der Obertorstraße das Heimkehrer-Mahnmal hängt, begann einst eine kleine Seitengasse, die »Rosengasse«.

Gebäude einer ehemaligen Bäckerei. Laut Dr. Heinz Dehmer hieß der Bäcker Sommerlad und ist ein Verwandter der schwedischen Königin Silvia.

Odenwaldstraße

Die Straße verbindet die »Vogelsbergstraße« mit der »Salmünsterer Straße«. Benannt ist die Straße nach dem südhessisches Bergland zwischen Rheinebene und Main. Seine höchste Erhebung ist der Katzenbuckel mit 626 Metern. Bekannter ist wohl der Melibokus, auch »Malchen« genannt, mit nur 517 m Höhe, an dessen Fuß die sog. »Bergstraße« vorbeiführt.

Paradiesgasse

Die Paradiesgasse ist eine Seitengasse der Meistergasse. Um 1900 standen dort 20 Wohnhäuser. Durch den Bau der Umgehungsstraße um 1935, heute »Würzburger Straße», mussten die meisten Wohnhäuser abgerissen werden.

Pfarrer-Rudolf-Hofmann-Str.

Rudolf Hofmann kommt 1966 als Kaplan in die Pfarrei St. Martin nach Bad Orb. Pfarrer ist zu dieser Zeit Johannes Kapp. Als Kapp 1975 zunächst Regens, dann Weihbischof wird, wird Rudolf Hofmann Pfarrer. In den dreieinhalb Jahrzehnten seines Pastoralen Wirkens wird Bad Orb zu seiner zweiten Heimat. Hofmann war 27 Jahre lang Pfarrer der größten Pfarrei der Diözese Fulda. Ab 1. Januar 2002 wird Hofmann von Bischof Heinz Josef Algermissen in die Leitung des Seelsorgeamtes im Bischöflichen Generalvikariat Fulda berufen und wird Mitglied im Geistlichen Rat und im Verwaltungsrat der Diözese

Fulda. Im Juli 2002 wird er zum Domkapitular ernannt. 2003 verleiht Papst Johannes Paul II. ihm den Titel eines päpstlichen Ehrenprälaten. Von 2004 bis 2014 ist Prälat Hofmann stellvertretender Generalvikar. Nach Erreichen der Altersgrenze scheidet Rudolf Hofmann aus dem Fuldaer Domkapitel aus. „Seit Beginn Ihres Dienstes lagen Ihnen die Gläubigen des Bistums Fulda am Herzen, in der Vielfalt Ihrer Aufgaben haben sie Ihre priesterliche Persönlichkeit, Ihr pastorales Wirken und Ihre menschliche Herzlichkeit mit eingebracht“, schreibt Bischof Heinz Josef Algermissen in einem persönlichen Dankesbrief.

Während seiner Fuldaer Zeit pflegt Rudolf Hofmann die Verbindung zu den Orbern und zum Orber Pfarrhaus. Wenn er kann, kommt er zu kulturellen Veranstaltungen, wie zur Opernakademie und zu den Holzhof-Festspielen oder begleitet Fahrten der katholischen Frauen (KFD) der Pfarrei. „Als Seelsorger ging es ihm stets darum, Kirche als lebendige, froh machende Heimat erfahrbar zu machen“, fasst die Pressestelle des Bistums einmal Hofmanns innere Überzeugung zusammen.

Einen großen Einschnitt in seinem Orber Wirken ist der Kirchenbrand von St. Martin Weihnachten 1983. Vier Jahre nach Umbau und Erweiterung von St. Martin die große Katastrophe, St. Martin brannte fast vollständig ab. Tief betroffen und doch voller Zuversicht seine Reaktion: „Wir bauen St. Martin wieder auf“. Zwei Jahre nach dem Brand wird die Wiedereinweihung gefeiert.

Hofmann wird am 19. Juli 1939 in Marburg geboren. Er wächst zusammen mit seiner Zwillingsschwester in Roßdorf (Amöneburg) in ländlicher Umgebung auf. Nach der Grundschule wechselte er ans Progymnasium in Amöneburg und dann als Konviktorist an das Domgymnasium in Fulda, wo er 1960 das Abitur ablegt und ins dortige Priesterseminar eintritt. Seine philosophisch-theologischen Studien absolviert Hofmann in Fulda und München. Am 2. April 1966 wird er in Fulda von Bischof Dr. Adolf Bolte zum Priester geweiht. Seine erste und einzige Kaplanstelle ist die in der Pfarrei St. Martin Bad Orb.

12 Jahre lang hat er als Geistlicher Assistent des Katholikenrats und Geistlicher Beirat der Arbeitsgemeinschaft Katholischer Verbände den Weg der Laien im Bistum Fulda begleitet.

Mit 75 Jahren stirbt Domkapitular i.R. Prälat Rudolf Hofmann im 49.Jahr seines Priestertums am 10. November 2014 in Fulda. „Er war nicht nur ein leidenschaftlicher, den Menschen zugewandter Seelsorger, sondern hat auch den im Bistum Fulda 2002 begonnenen pastoralen Prozess zur Sicherung einer zukunftsfähigen Kirche federführend vorangetrieben", heißt es im Nachruf des Bistums. In ihrer Traueranzeige schreiben Bürgermeisterin Helga Uhl und Stadtverordnetenvorsteher Heinz Grüll: „Die Bad Orber Bürgerinnen und Bürger verbinden mit ihrem Pfarrer Hofmann nicht nur einen fürsorglichen Geistlichen und Seelsorger, sondern vielmehr auch einen heben Menschen und Freund.“ Hofmann wird auf dem Friedhof am Frauenberg in Fulda beerdigt.

Für die Bad Orber bleibt Rudolf Hofmann auch nach seinen Beförderungen weiterhin »Pfarrer Hofmann«, und so trägt auch der neue Weg den Namen »Pfarrer-Rudolf-Hofmann-Straße« und nicht etwa »Prälat-Rudolf-Hofmann-Straße« oder »Domkapitular-Rudolf-Hofmann-Straße«.

Pfarrgasse

Sie führt vom Aufgang zur Kirche – vorbei am katholischen Pfarramt und am katholischen Gemeindezentrum (»Alfons-Lins-Haus«) – zum Untertor. Früher hieß sie »Leimbachs-Gasse«. Der Leimbach kam von der heutigen »Hubertusstraße«, wo er auch einen tiefen Graben gerissen hatte, floss an der Burg vorbei, durchquerte das Gelände des Rentamtes und trieb dort eine Mühle an, die sog. »Stadtmühle«. Dann floss der Bach durch die heutige Pfarrgasse und bog in Höhe der Häuser zwischen dem Pfarrhof und der jetzigen VR-Bank nach links in der Orbbach ein.

Philippsgasse

Sie wurde auch als »Quellenstraße« bezeichnet und ist die Passage von der Hauptstraße zur Philippsquelle.

Philosophenweg

Diese Straße bzw. dieser Spazierweg, der auf halber Höhe in Verlängerung der »Sälzerstraße« zum Haberstal und zum Sanatorium Küppelsmühle führt, bietet einen wunderschönen Blick auf die Stadt.

Quanzstraße

Die Quanzstraße, um 1905 benannt nach Johann Baptist Quanz, * 11.9.1741 in Orb. † 4.12.1822 in Wirtheim.

Er wurde in Orb als Sohn der Eheleute Johannes Quanz und Susanne geb. Fries geboren und wurde 81 Jahre alt. Er starb in Wirtheim, als sein Neffe Johann Eck, Sohn seiner Schwester, dort Pfarrer war. Quanz wurde am 6. Dez. 1822 auf dem Orber Friedhof beigesetzt. Er ruht hier in einem Ehrengrab. Das Grab befindet sich unmittelbar am Weg, von der Friedhofstreppe in Richtung Kreuzigungsgruppe linker Hand. Es gibt hier aber noch ein weiteres Denkmal, das an ihn erinnert, nämlich ein in die Wand des Glockenturmes eingemauertes Ehrenmal. Quanz hat in den 81

Jahren seines Lebens nicht nur als Priester gewirkt, er war nebenbei auch mit hohen Verwaltungsaufgaben beim Erzbischöflichen Amt betraut und war ein großer Wohltäter. Er hat, während seiner 50 Berufsjahre ein erhebliches Vermögen zusammengetragen und dieses mittels zweier Stiftungen, nämlich einem »Armenfonds« (im Volksmund „Quanz`scher Fund“ genannt), und der »Familien-Stiftung«, nutzbringend verteilt. Mittels des Armenfonds hat er Arme und Elende und sonstige hilfsbedürftige Personen mit Geldmitteln versehen, Kranke und Genesende mit Wein und Arzneimitteln versorgt, Jungverheirateten zur Gründung ihres Hausstandes geholfen, Kommunionkinder eingekleidet, Studierende mit Barmitteln ausgestattet und alljährlich zu einem bestimmten Termin den Petersweck verteilen lassen.

Die Stiftung wurde zwischenzeitlich aufgelöst.

Quellenring

Diese Ringstraße um die nördliche Altstadt hat ihren Namen erst im 20.Jahrhundert erhalten. Er weist auf das bedeutendste Orber Wirtschaftsgut früherer Jahrhunderte hin, auf salzhaltige Quellen, durch die Bad Orb schließlich zum Bade- und Trinkkurort wurde. Das Angebot wurde im 20.Jahrhundert um Moorbäder und Moorpackungen erweitert, deren Badetorf jedoch aus dem »Roten Moor« bei Gersfeld/Rhön importiert wird.

Die salzführenden, in Bad Orb zutage tretenden Wasser haben ihren Bildungsort etwa 30 km nordöstlich von Bad Orb im Tal der Fliede bei Neuhof. Dort befinden sich gewaltige Steinsalz-, Kalisalz- und Anhydrit Lager (Anhydrit schwefelsaures Kalzium) aus der Endzeit des Erdaltertums (Zechsteinzeit/Werra-Serie), die durch das Grundwasser ausgelaugt werden. Das Neuhofer Gebiet ist bis zu etwa 275 m über NN mit Grundwasser gefüllt, während die Orber Quellen in nur 168 m über NN austreten. Das Gefälle von über 100 m sorgt trotz der Entfernung von 30 km für kontinuierliches Fließen des salzhaltigen Wassers in Orb. Außerdem kreuzen sich in/bei Bad Orb im Erdinnern drei tektonische Strukturen (die erzgebirgische, die herzynische und die rheinische), an denen Kohlendioxid-Gas aus der Tiefe emporsteigt. Diese »Kohlensäure« erinnert an den Vulkanismus in unserem Gebiet während der Erdneuzeit (Tertiär), dem auch die Basaltvorkommen in der näheren Umgebung von Bad Orb entstammen (siehe hierzu auch »Sauerbornstraße«).

Die Orber Heilquellen stellen natürliche Wasseraustritte dar; die 50 - 70 m tiefen Brunnenbohrungen dienen lediglich der Erleichterung des Wasseraufstiegs.

Raiffeisenstraße

Sie ist benannt nach Friedrich Wilhelm Raiffeisen (1818-1888), dem Begründer der landwirtschaftlichen Kreditgenossenschaften. In dieser Straße befand sich früher das Lager und der Verkaufsraum der Raiffeisengenossenschaft. Die Raiffeisenbank fusionierte mit der Volksbank deren Geschäftsstelle sich am Untertor befindet (VR Bank Bad Orb-Gelnhausen).

Rhönstraße

Die Straße ist benannt nach der Rhön, einem rauen Mittelgebirge mit Basaltkuppen zwischen Fulda und Werra. Der höchste Berg der Rhön ist die Wasserkuppe mit 950 m über NN mit einem beliebten Segelfluggelände. An der Rhönstraße liegt der Orber Judenfriedhof.

Robert-Eckert-Anlage

Robert Eckert, Lehrer und Heimatforscher. Er wird am 2. August 1924 in Bad Orb geboren. Nach der Grundschule in Bad Orb wechselt er zum Ulrich von Hutten Gymnasium in Schlüchtern und legt dort 1942 die Abiturprüfung ab. Als zwanzigjähriger wird er zum Wehrdienst eingezogen und kommt in Frankreich in Kriegsgefangenschaft. Nach dem Krieg Studium der Pädagogik. Tätigkeit im Schuldienst. 1985 wird er als Lehrer an der Grund- und Hauptschule in Bad Orb pensioniert. Heimatgeschichte ist seine Leidenschaft. Am 01. Oktober 1960 wird er Leiter des Bad Orber Stadtmuseums, das seinerzeit noch im [alten] Rathaus in der Ludwig-Schmank-Str. untergebracht war. 1979 ist er der Hauptinitiator bei der Gründung des »Bad Orber Geschichts- und Heimatvereins e.V.« und ist dessen Vorsitzender bis 2007. Ab 2007 ist er Ehrenvorsitzender des Vereins. Nicht zuletzt wegen seiner Bemühungen für eine würdigere Bleibe des Bad Orber Stadtmuseums wird er 1989 mit dem Ehrenbrief des Landes Hessen ausgezeichnet. Mit dem Schlachtruf *„die 1000-jährige Orber Stadtgeschichte in die tausendjährige Orber Burg"* kämpfte er jahrelang um den Standort „Burg", neben der Zehntscheune (heute »Haus des Gastes«) für das Stadtmuseum. Am 15. Oktober 1989 wird die erste Museumsabteilung des Stadtmuseums im sanierten Burggebäude eröffnet. Es dauerte noch bis 2006, bis Robert Eckert »sein« Museum komplett hatte. 2006 erhält er die »Medaille für Heimatpflege und Geschichtsforschung des Main-Kinzig-Kreises«. Robert Eckert ist über 50

Jahre Museumsleiter. Für sein besonderes Engagement wird Robert Eckert 2002 mit der Ehrenbürgerwürde ausgezeichnet.

Rotahornallee

Die heutige »Rotahornallee« hieß einst »Am Bohrmühlchen«. Mit »Bohrmühle« bezeichnete man in Orb jene mit Wasserkraft betriebene Mühle, in der Holzstämme der Länge nach maschinell ausgehöhlt und dann als »Soleleitung« benutzt wurden – zu einer Zeit, als es noch keine Metall- oder Kunststoffrohre gab. Die **Bohrmühle** entstand vor 1736 und wurde Mitte

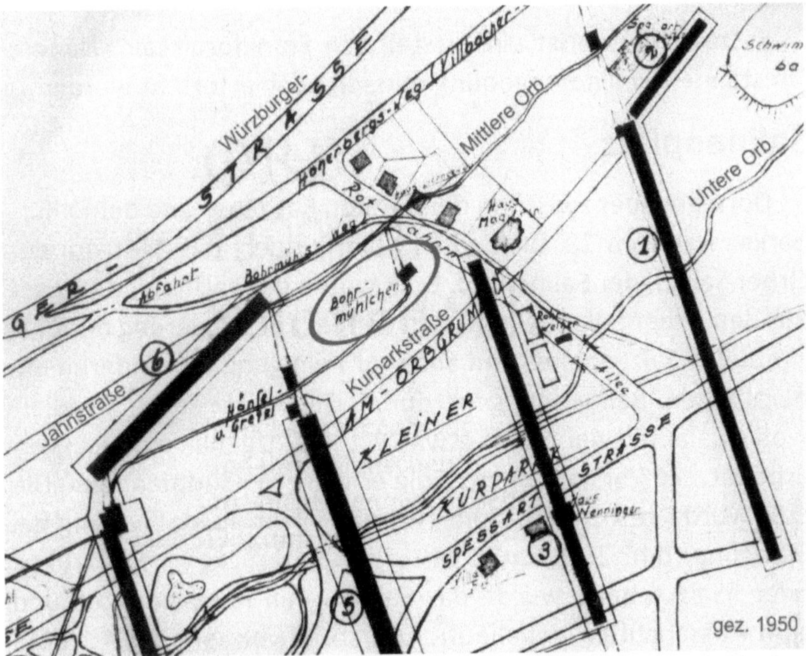

des 19. Jh. abgerissen. Sie stand im IV. Gradierhof unterhalb der heutigen »Jahnstraße«, nördlich der heutigen »Rotahornallee« und seinerzeit am Wasserlauf der sogenannten »Mittleren Orb«, deren Wasser auch die Radstuben der Gradierhäuser Nr.

V, VI, VII versorgte. Der Orbbach war im frühen 18. Jahrhundert (oder früher ?) weit draußen im Orbtal in drei Bachläufe – obere, mittlere, untere Orb – aufgeteilt worden um die Wasserkunst (Radstuben) der 12 Gradierhäuser (Die Nummerierung ist nicht einheitlich. Im Städteatlas Bad Orb und auch auf einer historischen Karte beginnt sie bei „0" draußen im Orbtal; es waren aber nie alle Gradierhäuser zu gleicher Zeit gebaut und in Betrieb; so wurde z.B. das Gradierhaus Nr. XI 1804 abgerissen und das Gradierhaus Nr. X 1806 gebaut. Zur Nummerierung siehe Städteatlas Karte » Bad Orb – Siedlungsentwicklung vom Mittelalter bis 1847/48«.) versorgen zu können. Die untere Orb ist der heutige Bachlauf.

Sachsenhäuser Straße

Sachsenhausen ist ein Ortsteil von Frankfurt/Main. Nähere Umstände der Namengebung müssen noch erforscht werden.

Salinenplatz

Dort, genauer zwischen dem »Alten Rathaus« und dem »Kurpark«, war vom 18. bis Ende 19.Jahrhundert das Zentrum der Orber Saline, der Salinenhof. Dort wurde das salzhaltige Wasser aus den Orber Solequellen, nach dem es zur Steigerung des prozentualen Salzgehaltes und auch zur Reinigung von anderen mineralischen Beimengungen, durch Gießwerke bzw. Gradierwerke gelaufen war (bis es etwa 18-20% Salzgehalt aufwies) verarbeitet. Die Versiedung der Sole erfolgte in »Sudpfannen«. Die Sole wurde gesotten, bis die »Gare« eintrat (Kristallbildung bei Sättigung, d.h. 26% NaCl). Mit der »Salzkrücke«, »Salzkruke« oder »Salzrechen« wurde das Salz an den Rand gezogen und zum Ausschaufeln angehäuft. Das so gewonnene Salz bildete einst das wirtschaftliche Fundament der Stadt. Allerdings benötigte man dazu gewaltige Mengen an Holz. Um Orb herum gab es irgendwann praktisch keinen Wald mehr. Es gab kein Geld für eine Wiederaufforstung. Die Laubbaumstümpfe trieben aus.

Das Ergebnis war was als »Orber Reisig» bezeichnet wurde, keine Bäume mehr, nur noch niedriges Knüppelholz.

Salinenstraße

Von der Sauerbornstraße am Gradierhausende entlang zur Kurparkstraße

Die Saline bzw. das Salzwerk ist die Anlage, der Betrieb zur Gewinnung von Speisesalz durch Versiedung von Sole. Der Salinenbetrieb bestand in der Hochphase in Bad Orb aus bis zu 12 Gradierhäusern, bestückt mit Schwarzdornreisig, mit einer Gesamtlänge von ca. 2 km und dem Salinenhof, der sich zwischen dem »Alten Rathaus« und dem heutigen »Kurpark« befand. Im Salinenhof wurden 18 Sudpfannen betrieben, in denen die gradierte Sole gesiedet wurde und so Speisesalz gewonnen wurde (siehe »Salinenplatz«).

Salmünsterer Straße

Die Straße war früher ein Fuhrweg zur Nachbargemeinde Salmünster im Kinzigtal. Salmünster bildet heute mit dem Heilbad Bad Soden und mit neun kleineren Orten die Großgemeinde Bad Soden-Salmünster.

Sälzerstraße

Das ist die ehemalige »Roßhöhlstraße«, die anfangs der 1960er Jahre in Sälzerstraße umbenannt wurde. Roßhöhle = Pferde-Hohlweg, Sälzer = Salzarbeiter.

Salzkärrnerweg

Die Salzkärrner, jene Fuhrleute, die das Orber Salz über Land transportierten und es teilweise sogar auf eigene Rechnung und Gefahr unterwegs verkauften. Auf ihrem Rückweg nach Orb brachten sie Wein und Getreide (zu ermäßigten Zollsätzen!) in ihre Heimatstadt. Da durften sie ihre Ware verkaufen bzw. ausschenken „sofern sie nur Orber Salz (und kein fremdes) führten“ (Erlass des Kurfürsten von Mainz, 1571). Siehe auch »Marktplatz«.

Sauerbornstraße

Die Straße führt vom Burgring / Polizeistation bis zum Freiluftinhalatorium am Kurpark und hat ihren Namen vom Sauerborn.

Die vertiefte Brunnenfassung des Sauerborn befand sich etwa 25 Meter vor der Frontseite der heutigen Polizeistation. Dieser wohlschmeckende und allseits gern getrunkene Sprudel war im 19.Jahrhundert durch Zusammenführen einer Süßwasserquelle (die Süßwasserquelle befand sich in der Sauerbornstraße dort, wo heute das Haus Bauer steht) mit natürlich Weise aufsteigenden Kohlensäuregasen (Mofetten) entstanden. 1846 erhielt der Sauerborn eine Fassung und zu Ehren von Theresia (Prinzessin von Sachsen-Hildburghausen, Gattin des Bayernkönigs Ludwig I.) den Namen »Theresienbrunnen«. Mitte des 20.Jahrhunderts versiegten die Mofetten. Der Sauerborn wurde 1959 zugeschüttet.

Sauerstraße

Der Pfarrer Johann Sauer zu Großheubach hat in seinem Testament 1861 seiner Vaterstadt Orb 3.000 Gulden vermacht für Stipendien an Studenten und Handwerkslehrlinge sowie als Morgengabe für bedürftige Jungfrauen (quasi als Mitgift bei deren Eheschließung) unter der Bedingung, dass die Stipendiaten der christkatholischen Religion angehören. Die finanziellen Mittel der »Sauer'schen Stipendien-Stiftung« sind durch den 1. Weltkrieg und die anschließende Inflation verloren gegangen bzw. vernichtet worden.

Scharpenrain

Eine Gasse zwischen »Kanalstraße« und »Solplatz«.

Der Name »Scharpenrain« könnte davon herstammen, dass dort ein schepper = schiefer Rain war, der noch heute erkennbar ist: Der Scharpenrain liegt etwas höher als die Haupt- und die Kanalstraße.

Schönbornweg

Der »Schönbornweg« verbindet in der Siedlung »Am Langen Acker« die »Fuldaer Straße« mit dem »Geigershallenweg«.

Der Weg ist benannt nach dem Adelsgeschlecht gleichen Namens. Es stellte zahlreiche kirchliche Würdenträger, die u.a. als Bischofe , Erzbischöfe und Politiker (Reichsvizekanzler), aber auch als berühmte Bauherrn in Würzburg (Residenz), Bamberg, Mainz, Worms und Wien wirkten . Vom 12.08.1668 bis 23.05.1721 war das Orber Salzwerk verpfändet an den Kurfürsten von Mainz, nämlich an Johann Philipp von Schönborn, nach dem die Philippsquelle benannt ist. Er wurde 1642 Bischof von Würzburg, war ab 1647 Kurfürst und Erzbischof von Mainz und ab 1665 auch Bischof von Worms. Die Schönborns veranlassten 1683 die barocke Umgestaltung der Kirche St. Martin.

Schwedengasse

Ein Seitenweg der Kanalstraße, die ihren Namen erst 1963 erhielt. Die Schweden überfallen und plündern 1634 gemeinsam mit Truppen der Grafen von Hanau und Isenburg die Stadt.

Seboldswiesenstraße

Die Seboldswiese wurde ab 1890 mit den ersten Häusern der heutigen Spessart-Klinik (damals »Kinderheilanstalt«) bebaut. Das Klinikum gehört heute postalisch zur Würzburger Straße. Die Seboldswiesenstraße führt am Rande des Klinikgeländes von der »Würzburger Straße« zur Straße »An der Heppenmauer«.

Solgasse

Die »Solgasse« verbindet die »Obertorstraße« mit der »Kanalstraße«. Zwischen Solgasse und Burgring wurde einst die Sole gradiert. Ursprünglich versuchte man, den Verdunstungsprozess zu beschleunigen, indem man die schwachprozentige Sole in größere Becken (Kästen) leitete und dann abwartete, bis sich die gewünschte Salzkonzentration durch Verdunstung eingestellt hatte: die »**Kastengradierung**«. Auch die Sudhäuser standen zu dieser Zeit noch innerhalb der Stadtmauer.

Wegen des großen Holzverbrauchs beim Sieden der Sole aus der Kastengradierung versuchte man das Gradieren der Sole zu optimieren. 1602 wurde deshalb südlich außerhalb der Stadt – im Bereich des heutigen Kurparks – ein erstes zweistöckiges Gießhaus mit darin übereinander aufgehängten Strohbündeln errichtet. Bis 1607 wurden weitere Gießhäuser gebaut. Der »**Gradierung in Gießhäusern**« folgten, als nächster innovativer

Schritt in der zweiten Hälfte des 18. Jahrhunderts, »**Gradierhäusern mit Schwarzdornreisig**«. In Orb wurde diese weiter verbesserte Gradierung – die bereits 1716 in Nauheim begonnen hatte (eingeführt von JOSEPH TODESCO) – erst 1767-69 eingeführt; ab diesem Zeitpunkt wird auch der immer noch bestehende innerstädtische Salinenbetrieb (die Sudhäuser, die Anlagen für die Salztrocknung etc.) schrittweise mit dem im südlich der Stadt im heutigen Kurparkgebiet gelegenen Salinenanlagen vereinigt. Der Schwarzdorn hat den Vorteil, dass sich die Rinde trotz der aggressiven kohlensäurehaltigen Sole nicht von den Zweigen löst und dadurch die Verrieselung der Sole eine lange Zeit optimal gewährleistet ist; verbesserte Wasserkünste (Hebewerke) förderten die Sole auf über 12m in Holzrinnen von wo aus über zahlreiche Zapfhähne die Sole über die Reisigwände geleitet wurde. Diese automatisierte Verrieselung wurde bis zu 8-mal wiederholt (Gradierfälle) bis die Sole siedewürdig (mindestens 18% Salzgehalt) war. Die Holzeinsparung beim Siedevorgang war erheblich. Im Jahre 1780 gab es in Orb dann immerhin 11 Gradierwerke und 18 Sudpfannen, in denen 35.000 Zentner (1750 Tonnen) Salz mit einem Überschuss (also Gewinn) von 30.000 Gulden erzeugt wurden. 1781 lag der Ertrag sogar noch um 15 Prozent höher.

Solplatz

Früher hieß der Solplatz »Am Dalles«, ein Wort, das aus dem jüdischen Wortgebrauch stammt und mit Sicherheit im Zusammenhang mit der einstigen Synagoge (1871 - 1938) an diesem Platz zu sehen ist. Der Dalles – hebräisch/jiddisch = umgangssprachlich für „Armut, Unglück".

Ein Gradierstein aus der Kastengradierung am Solplatz erinnert an die Kastengradierung. Darum wurde auch 1987 beim

150jährigen Heilbad-Jubiläum auf dem Solplatz der Jubiläumsbrunnen, geschaffen von dem Bad Orber Künstler Hans Prasch, errichtet. Er zeigt auf einem Bilderfries, der sich um eine Bronzesäule windet, die Entwicklung der Stadt im Laufe der Jahrhunderte.

Auf dem Gradierstein am Solplatz ist eine Tafel zum Gedenken an Bürgerinnen und Bürger jüdischen Glaubens angebracht, die in Bad Orb gelebt haben und der nationalsozialistischen Gewaltherrschaft zwischen 1933 und 1945 zum Opfer gefallen sind.

Spessartstraße

Die Straße von der Konzerthalle bis zum Forsthausstübchen am Beginn des Haberstals.

Im Spessart, so auch in Orb herrschten im 19. Jh. erbarmungswürdige Zustände. Im Februar 1852 bereiste Prof. Rudolf Virchow (1821-1902), ein Vorkämpfer der allgemeinen Gesundheitspflege in Deutschland, mit zwei Regierungsräten den Spessart, am 27.02.1852 auch Orb, um die von der „Hungersnoth" bedrängten Gegenden zu besuchen und den Gesundheitszustand der dortigen Bewohner zu erforschen. In seinem Bericht stellt er u.a. fest: In den Dörfern leben viele bleichgesichtige, hungernde und hüstelnde Menschen, die ihr armseliges Los ohne erkennbares Lamentieren ertragen. Sie sind anfällig für Bauchtyphus und Bronchitis sowie für Krätze, Kopfgrind und Würmer. Statt ärztliche Hilfe in Anspruch zu nehmen, opfern sie ihr geringes Geld lieber für das Lesen von heiligen Messen. Man sieht im Spessart kleine Häuser, die einen kleinen Vorplatz, ein einziges Wohnzimmer mit einem engen Kämmerlein (oft mit Schimmel an den Wänden) und eine kleine Küche enthalten. Im Stockwerk darüber liegt der Vorratsboden. Unter demselben Hausdache befinden sich häufig auch der Viehstall und die

Scheune. Vor dem Hause sind Mistlachen. Der Rauch des Küchenfeuers strömt gewöhnlich ungehindert durch alle Räume und schließlich durch die in der Mitte quergeteilte Haustüre ins Freie. Einen Schornstein gibt es nicht.

Im Inneren einer solchen Wohnung haust eine oft mit vielen Kindern gesegnete Familie, zuweilen mehrere Generationen gleichzeitig, bisweilen auch mehrere „fremde", also nicht miteinander verwandte Familien. Die in der Regel sehr schmutzigen, Betten (oft mit vielen Flöhen!) stehen in geringer Zahl sowohl im Wohnzimmer als auch in dem feuchten Kämmerchen, und es ist selbstverständlich, dass zwei bis drei Personen – oft beiderlei Geschlechts – zusammen in demselben Bette nächtigen. Und wenn nahezu alle Bewohner eines Hauses im gleichen Raume derart beengt schlafen, ist es nicht verwunderlich, dass die Jungen die geschlechtlichen Genüsse der Alten vor Augen haben und so der Sinn für geschlechtliche Erregung bei ihnen früh geweckt und zur Äußerung gebracht wird. Dementsprechend hoch ist im Spessart auch die Zahl der unehelichen Kinder (rund 67 Prozent über dem damaligen bayerischen Landesdurchschnitt). Ledige Frauenzimmer (oft Witwen) mit drei, vier und mehr unehelichen Kindern gehören hier nicht zu den Seltenheiten.

Steinhöhle

Die Straße war dies einst ein steiniger Hohlweg. Sie ist heute die Zufahrtsstraße zur Großturnhalle.

Taunusstraße

Sie ist benannt nach dem Taunus. Höchste Erhebung ist der Große Feldberg (880 m). Der Taunus, insbes. der Naturpark Hochtaunus ist ein beliebtes Naherholungsgebiet des Großraums Frankfurt/Wiesbaden.

Uferweg

So heißt der schmale Weg am südlichen Ufer der Orb.

Untertor

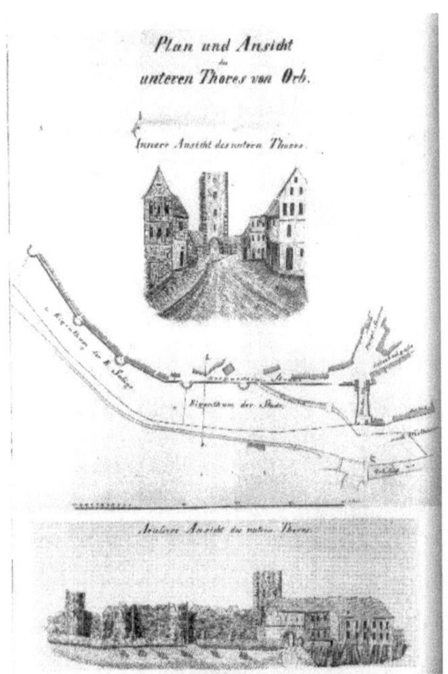

Es »Innerdoor«, wie die Orber zum Platz vor dem (1830 abgerissenen) Untertor sagen, ist schon immer eine Art Verkehrsdrehscheibe gewesen, in die heute nicht nur der Verkehr aus der Frankfurter und Würzburger Straße mündet, sondern auch der aus Richtung Aufenau / Bahnhof. Zugleich ist dieser Platz ein Bestandteil der Ringstraße um die Altstadt. Die reiche Geschichte dieses Platzes insbesondere die der einst dort gelegenen Knabenschule (1921 abgerissen) und der Kleinkinderbewahranstalt, die um 1840 errichtet wurde, 1849 Kaserne war (»Orber Revolution«). Die Anstalt wurde 1863/64 um zwei Geschosse aufgestockt und zur Mädchenschule ausgebaut, 1966/67 abgerissen. Das Äußere des Platzes wurde im Laufe der Zeit mehrmals umgestaltet, er wurde als Park-, Markt- und Kirchweihplatz genutzt. Seit 1998 ziert ihn ein stilisiertes Torfragment und ein Springbrunnen, in dessen Mitte sich eine sieben Meter hohe Wasserschlange aus Edelstahl – den Äskulapstab symbolisierend – dreht. Im Gelnhäuser-Heimat-Jahrbuch 2000 schreibt Helga Koch über diesen Brunnen:

„... von mehreren Strahlern beleuchtet haben die Orber (für ihn) inzwischen »liebevoll« die verschiedensten Bezeichnungen gefunden. Es sei jedoch dem Betrachter selbst überlassen, sich mit diesem Kunstwerk auseinanderzusetzen".

Villbacher Straße

Sie zweigt in Höhe der »IG-Metall-Bildungsstatte« von der Würzburger Straße ab, führt durch den Orbgrund zur Orbquelle und von dort am Restaurant »Horstberg« (Golfplatz) vorbei nach Villbach.

Vogelsbergstraße

Der Vogelsberg ist ein Mittelgebirge zwischen Rhön und Taunus, nördlich von Bad Orb. Er ist ein erloschener Schildvulkan aus dem Tertiär. Sein höchster Berg: Der Taufstein (774 m).

von-Dalberg-Straße

Carl Theodor von Dalberg stammt aus einem alten reichsfreiherrlichen Geschlecht. Er war bis 1803 der letzte geistliche Reichsfürst des Deutschen Reiches, des Heiligen Römischen Reiches Deutscher Nation. Später war er das Haupt des Rheinbundes, den Napoleon zur Stützung seiner imperialen Pläne gegründet hatte. Diesem Bunde gehörten nur Preußen, Braunschweig, Kurhessen und Österreich nicht an – wohl aber alle anderen deutschen Staaten. Der Rheinbund wurde 1813 aufgelöst.

Dalberg hat viel für Orb und seine Saline getan. Er investierte 200.000 Gulden in die völlige Erneuerung der Anlage. Neue Sudhäuser entstanden und 1806 wurde sogar an der Stelle eines niedergelegten 250 m langen, ein neues Gradierhaus errichtet. Es ist jenes, das heute noch als Freiluftinhalatorium genutzt wird.

Dalberg wurde 1802 Erzbischof von Mainz, dann durch Napoleon u.a. »Kurerzkanzler«, »Primas des Rheinbundes« und schließlich »Großherzog« des neugebildeten Großherzogtums Frankfurt. Nach der Niederlage Napoleons in der Völkerschlacht bei Leipzig (1813) flüchtete von Dalberg nach Regensburg, wo er als Erzbischof ohne weltliche Befugnisse noch bis 1817 lebte.

Wächtersbacher Weg

Diese Straße im Siedlungsgebiet südlich der Fuldaer Straße ist benannt nach der Nachbargemeinde Wächtersbach, zu der auch die Bahnlinie von Orb aus führt(e).

Wemmstraße

Diese Straße erhielt 1930 ihren Namen nach dem Gemarkungsnamen »Wemm«. Wie dieser Name zu deuten ist, weiß man nicht genau. Es gibt Vermutungen, die auf den Weinbau verweisen, weil hier einst ein Orber Wingert gewesen ist (im Weim - Wemb - Wemm).

Östlich der Wemmstraße, hinter dem ehemaligen Sängerheim, liegt der ehemalige Festplatz, auf dem alljährlich am Sonntag nach Bartholomä (= 24.August) die Orber Kerb (Kirchweih) gefeiert wurde. Bis 1960 wurde sie mitten in der Stadt gefeiert. Die Buden standen in der Hauptstraße, und der Festplatz befand sich rechts und links der damaligen Bundesstraße, der heutigen L 3199, am Untertor. Heute steht der Kerb-Baum an Kirchweih auf dem Festplatz hinter dem alten Rathaus. Und am Kerb-Montag wird im Festzelt beim Frühschoppen die letzte Strophe des Orber Heimatliedes stehend gesungen:

Und wenn mit duft'ger Blumenspende der Lenz
verscheucht des Winters Graus, dann gießt er
übers Talgelände das Füllhorn seiner Reize aus!

Der Wald schickt seinen Tannenduft, und salz'ger
Dunst durchwürzt die Luft; dann wallt zu deinem
Sprudelpaar von Nah und Fern der Kranken Schar.
Und laut aus aller Mund es schallt:

All Heil, Bad Orb im Spessartwald!

All Heil, Bad Orb im Spessartwald!"

Wendelinusstraße

In Verlängerung der »Jössertorstraße« mündet die »Wendelinusstraße« in die »Ludwig-Schmank-Straße«.

Sie ist benannt nach St. Wendelin, dem Schutzpatron der Bauern und Hirten. Er soll ein irisch-schottischer Königssohn gewesen sein, der um 600 als Einsiedler oder Mönch in den Vogesen gelebt hat. Er ist 617 gestorben; sein Grab ist in St. Wendel im Saarland. Vor der ehemaligen Gastwirtschaft »Zum Goldenen Rad«, einst das Stammlokal von Franz Leopold Koch, grüßt St. Wendelin von einer barocken Brunnensäule. Ihm zu Füßen ruhen ein Rind und ein Lamm.

Willi-Heim-Promenade

Willi Heim war ein Lokalpolitiker der Freien Demokratischen Partei Deutschlands (FDP) in den Jahren nach dem Zweiten Weltkrieg. Nach ihm ist jener Fußweg benannt, der vom Kurpark die Orb aufwärts führt. Er zählt zu den beliebtesten Spazierwegen von Bad Orb. Die Orber nennen diesen Weg »Brückchenweg«.

Würzburger Straße

Die Straße, praktisch die Verlängerung der Frankfurter Straße, führt vom Untertorplatz Richtung Wegscheide und weiter in den Jossgrund bzw. nach Unterfranken.

Zenkhof

Zenkhof, auch Zänkhof geschrieben, war der Zugang zum eigentlichen Anwesen »Zenkhof« zwischen »Raiffeisenstraße« und »Enggasse«. Die Herkunft des Namens ist unbekannt.

Literaturverzeichnis

Ackermann, Jürgen: Orb im Königreich Bayern1814 bis 1866, 1. Aufl. Bad Orb 2016.

Büttel, Johann: Geschichte der Stadt und Saline Orb, Würzburg 1901 (Reprint Bad Orb 1978).

Blumenthal, Jürgen: Von Quellen, Pfründern, Doktoren und Barmherzigen Schwestern. Eine medizinisch-historischer Streifzug durch die Entwicklung des Hospitals und der Kurstadt Bad Orb, Sammlung zu Bad Orb's Geschichte und Kultur, Bd. 7, 1. Aufl. Bad Orb 2013.

Dehmer, Heinz: Orb 750 Jahre Stadt. 1233-1983, Volksbank Bad Orb eG 1983.

Diverse Autoren: Festschrift Neunhundert Jahre Bad Orb 1059 - 1959, Bad Orb 1959.

Diverse Autoren: Jubiläumsschrift 950 Jahre Bad Orb 1059 - 2009, Bad Orb 2009.

Eckert, Robert: Aus Kunst und Geschichte der Bad Orber St. Martinskirche, Volksbank Bad Orb eG 1983.

Eckert, Robert: Das alte Orber Rathaus. (Zum Abriß vor 120 Jahren), Volksbank Bad Orb eG 1985.

Eckert, Robert: Der Jubiläumsbrunnen am Solplatz. Zum Brunnenfest am 13. Juli 1987, Volksbank Bad Orb eG 1987.

Eckert, Robert: Franz Leopold Koch. Dem Gründer des Heilbades Orb zum 200. Geburtstag, Volksbank Bad Orb eG 1982.

Eckert, Robert: «Peter von Orb». Ein Standbild verwirklicht Orber Geschichte, Volksbank Bad Orb eG 1980.

Eckert, Robert: Salz im kurmainzischen Orb. Eine geschichtliche Betrachtung, Volksbank Bad Orb eG 1981.

Engel, Josef: Beiträge zur Orber Historie veröffentlicht in Bad Orber Zeitungen 1980 bis 1990. Gesammelt und herausgegeben von Wolfgang Hessberger, Norderstedt 2023.

Hardt, Heinrich: Führer durch Bad Orb und Umgebung, Bad Orb 1938, neubearbeitet von Kurt Kaczor, 6. Aufl. Bad Orb 1973.

Koch, Helga: Die Orber Notzeit, in: Zwischen Vogelsberg und Spessart, Gelnhäuser Heimat Jahrbuch 1998, S. 86-89.

Koch, Helga: Interessantes und Amüsantes aus vergilbten Blättern, in: Zwischen Vogelsberg und Spessart, Gelnhäuser Heimat Jahrbuch 1999, S. 94--99.

Koch, Helga: »Es Innerdoor«, in: Zwischen Vogelsberg und Spessart, Gelnhäuser Heimat Jahrbuch 2000, S. 116--119.

Koch, Helga: Interessantes und Amüsantes und Nachdenkliches aus vergilbten Blättern, in: Zwischen Vogelsberg und Spessart, Gelnhäuser Heimat Jahrbuch 2001, S. 75--79.

Koch, Helga: Bade & Salz. Zeitschrift für Bad Orb und Umgebung, Jg. 1, Nr. 1 März 2000.

Koch, Helga / Löber, Jochen: Jüdisches Leben in Bad Orb, 1. Aufl. Bad Orb 2009.

Lagis: Landesgeschichtliches Informationssystem Hessen, Städteatlas Bad Orb: https://www.lagis-hessen.de/de/subjects/gsrec/current/1/sn/statl?q=Bad+Orb.

Revision 2023-04-02.

Lagis: Landesgeschichtliches Informationssystem Hessen, Urkataster: https://www.lagis-hessen.de/maps/urkatasterplus/city/12692?x=525518.8039226644&y=5563174.716177391&z=14.498184900086567. Revision 2023-04-02.

Medding, Wolfgang: Der Kreuzaltar in der Pfarrkirche zu Bad Orb und Die Wandmalereien in der Pfarrkirche zu Bad

Orb, in: Jahrbuch der Denkmalpflege im Regierungsbezirk Kassel: Wiederhergestellte Wand- und Tafelmalereien des 14. und 15. Jahrhunderts, Kassel 1938.

Schäfer, Karlheinrich: Forschungen zur Kulturgeschichte der Stadt Orb, Potsdam / Bad Orb 1930 (Reprint Bad Orb 1985).

Schlicht, Eva-Maria: Spessart-Wegweiser. Natur und Geschichte, Land und Leute, Würzburg 1996.

Schulze-Seeger, Werner: Von der Salzstadt zum Heilbad. Beiträge zur Salinen- und Ortsgeschichte von Bad Orb, 1. Aufl. Bad Orb 1988.

Schulze-Seeger, Werner: Orb 1300 Jahre Sole und Salz. Schicksale einer Stadt und ihrer Menschen im Spiegel zeitgenössischer Dokumente, 1. Auf. Bad Orb 1994.

Seidenfaden, Theodor: Der Zauberspiegel. Legende der Spessart-Stadt Orb, Bad Orb 1999.

Fischer, Roman: Im Orber März 1849 vertrieb die Orber Bevölkerung das Militär. War es ein Akt republikanischer Revolution, Aufbegehren aus sozialer Not, Aufstand von Halbkriminellen?, in: Spessart: Heft 1, 1988.

Ziegler, Elsbeth: „Äußerlich ein Bär – innerlich ein Fuchs.“ Teil 2 der GNZ-Miniserie „Straßennamen im Neubaugebiet“: Altbürgermeister Drisch, Gelnhäuser Neue Zeitung vom 02.01.2021, S. 25.

Ziegler, Elsbeth: „Nachtruhe war bei ihm nur relativ“, Gelnhäuser Neue Zeitung vom 30.01.2021.

Ziegler, Elsbeth: Großes Engagement für Politik und Soziales, Gelnhäuser Neue Zeitung vom 05.12.2020, S. 28.

Ziegler, Elsbeth: Er lachte und weinte mit den Bad Orber. Pfarrer-Rudolf-Hofmann-Straße als Würdigung für das Wirken des 2014 verstorbenen Geistlichen, Gelnhäuser Neue Zeitung vom 20.03.2021, S. 30.

Bildnachweis

Seite 7, 11, 35, 39, 41, 43, 46, 48, 50, 56, 59, 61, 64, 69, 72, 74, 77, 91, 93, 94, 95, 101: Museum Stad Bad Orb

Seite U1, 25, 26, 65, 66, 69, 70, 80: Wolfgang Hessberger

Seite 8: HStA Marburg, Sig. Ria 1059 Dez. 1 - Urkunde 75.

Seite 9: Mainzer Bücher verschiedenen Inhalts 17, fol. 21f.
BySt A Würzburg.

Seite U4, 19, 23, 30, 32, 34, 38, 53, 57, 58, 67, 75, 79, 83, 87, 102: Gemeinfrei

Seite 34 (Friedrich Ebert): Bundesarchiv, Bild 102-00015 / Georg Pahl / CC-BY-SA

Seite 36: Wikipedia: Foto H.-P.Haack (https://commons.wikimedia.org/wiki/File:Joseph_Freiherr_von_Eichendorff_(1841).jpg)

Seite 31, 55: Elsbeth Ziegler

Seite 28, 29, 54: OpenStreetMap - Deutschland

Seite 84: Katholische Kirchengemeinde St. Martin Bad Orb

Seite 59: Magnus Scheler

Seite 90: Elisabeth Eckert